祖父的
六抽小櫃

楊凱麟・著

目次

推薦序一：一種少年同伴的時光冒險邀請・駱以軍　四
推薦序二：游牧與放逐・鄭穎　十三
自序：民藝這條路・楊凱麟　十七

在・・老厝裡　二一
菜櫥與飯斗架　二二
方凳　二四
灶椅　二六
六抽小櫃　二八
紅眠床與和室桌　三一
・要收藏，就不要忌諱　三五
樟木箱　三六
鏡台　三八
風獅爺　四十
劍獅　四三
鴉片爐　四五
八音鐘與小魚盤　四八
小鐵獅　五一
魁星踢斗　五三
花柴　五六
茄苳入石柳插角　六十
瓜筒　六三
金煉成陶甕　六六
石臼與豬槽　六九

在・・・簕仔店裡　七三
玻璃櫥　七四
菸酒櫥　七九
掌櫃桌與米櫃　八四
掌櫃桌　八六
錢櫃　八八
小木櫃　九十
雜什擔　九四
老招牌　九六

玻璃糖罐與花瓶 九八
牛奶燈 一〇二
新力寶寶與Q比娃娃 一〇四
外送提盒 一〇六
糕餅模與粿印 一〇八

・・在寺廟裡 一一三

囝仔神 一一四
觀音緣 一一六
送子觀音 一一九
廣澤尊王 一二一
土地公 一二四
虎爺 一二六
憨番會社・一 一二九
憨番會社・二 一三二
憨番會社・三 一三五
憨番會社・四 一三七
神龕 一三九
倒吊花籃 一四一
花鳥插角 一四五
鰲魚 一四九
獅座 一五二
石獅 一五五
湯盤 一五八
大鼓 一六〇
廟門 一六三

・・・在醫生館裡 一六七

・醫生館民藝物語 一六八
醫生椅與小圓凳 一七〇
候診椅 一七二
書桌與書櫥 一七八
普普風沙發 一八二
孔雀椅 一八四
火缽 一八八
代後記：因為相知，所以懂得 一九一

推薦序一：一種少年同伴的時光冒險邀請

駱以軍（小說家）

「那是一趟從巴黎飛回香港的十幾小時航程，當時是半夜兩三點，那天恰是中秋吧。整架飛機四五百人全在一個一萬呎高空被包裹起來的靜止之夢裡勻靜地熟睡著。從他身旁的舷窗下眺，恰可看到這架飛機左翼延展出去，兩只巨大噴射渦輪的金屬翅膀。雖然透過隔音艙隱約仍可聽見引擎的背景聲。但那像是森林之夜裡，風吹奏著群樹。一切如此安靜。

從某一個夢中醒來，他被舷窗外的光輝場景所驚嚇：飛機機翼，像浸在某種薄荷調酒中的薄冰，一整片暈染著一種如夢似幻的青色，邊沿則鑲著一條非常耀眼的銀色。在他們下方，是一整片雲海，並沒有平日自飛機上所見雲層上的世界那些城堡狀，或魚麟狀的參差……而像寧靜的大海，整片延伸到沒有盡頭的遠方，重點是那一整片無邊無際的雲之海，也全籠罩在一種青色的冷光裡。時間像靜止了。他們的飛機，似乎不動的懸浮在這一片非人間景象的積雲層上方一點點。他那時想到宮崎駿的《紅豬》。

「我是不是死了？這是不是死後的世界？」

那時他們的飛機應是在莫斯科以東幾百公里的高空上。在雲層下面的小鎮、人家、農村，所有的人正都在熟睡中吧？

他把臉頰貼在冰冷的窗玻璃上，想找出這一片夢境般的光世界的光源。然後他看到從飛機的後側，媽啊好大一枚月亮，不，該說是月球，大得像科幻電影中從土星地表仰望它巨大的泰坦衛星。或者是，真的像村上寫的，此刻有兩枚月亮也不足為奇了。你覺得月球那麼貼近要挨上（奇怪他腦海浮現是像磁浮列車靠站那樣微晃的「輕觸」兩個字）地球了。這麼大，這麼近，應該可以看見月表的火山丘、峽谷、隕石或沙漠……但那只是一輪大到不可思議，輝煌的銀烙餅。」

真美，我說。

不，更美的在後面。

他說，後來不知過了多久，飛機飛離那片影青瓷顏色的雲海。但月光仍何其皎潔，你可以看見下方地表上蓊蓊鬱鬱，像苔蘚或浮潛時看見的款款湧動海葵。奇怪望去是一片黑影，卻被那月光映照得像中國山水畫墨色分明，充滿著視覺細節的變化。某一刻，他突然感到眼皮下，閃過一瞬光爆。嚓。幾乎百分之一秒，非常亮但非常短的一道閃電。

他原想是否是下方的城市在放煙火？但這個時間（深夜兩三點）不可能。或是公路彎道恰好朝上方照射的車子遠光燈。但也不可能。這樣的高度，一萬多呎的遠距，不可能還有那樣的亮度。過了十幾秒，那個一瞬閃光又一亮即滅。那到底是什麼？他把額頭貼緊舷窗，非常認真往下界看。（也許是幽浮？）

你猜我看到什麼？

他說，原來是一條蜿蜒的河流，穿過森林時被樹影遮蔽了，偶爾一個小彎恰和飛機的航向平行時，輝煌銀白的月光被十分之一秒的河面反射上來，像美女的晚禮服肩帶在無人知曉的神祕一瞬，滑落又被抓回，那閃爆即黯滅的（一截粉臂？或一抹酥胸？）光華偏偏被你瞄見了。

之後，那夢的時刻出現了。下方的地表突然出現一片森林植被光禿的空曠地，而河道在此散成一小股一小股網狀渠道，像搓開的麻花，這時天啊，那月光的銀輝在下面，像積體電路板上的電流傳導，數十條銀蛇在迷宮竄走，又像顛倒過來的世界，彷彿地面是夜空，驟然一陣樹枝狀的駭麗閃電。

還來不及反應過來，他便看到那團網狀渠道匯聚成的一個湖泊，一枚銀色的月亮亦妖亦仙地浸在裡頭。不可能！隔得那麼遠。他發現自己臉頰流下冰涼的一道淚。

我看到了神的視覺才能看到的美麗景觀。

其實，那時飛機內一些人陸續醒來，各自頭上的小閱讀燈一盞盞間錯點亮，像溪畔草叢裡的螢火蟲。開始有人跟空姐要泡麵。你知道在那封密空間裡，泡麵熱騰騰的煙氣最帶有一種暴力的感染。馬上四面八方都是那窸窸窣窣吸食軟麵條的聲音，那肉燥包油渣在滾水中泡開的濃郁香味。許多人排隊在那小摺疊鋁門廁所外的暗影，裡面人打開門時還聽見真空抽吸馬桶咽喉那呼喇一聲巨響，將糞便或衛生紙攫吞而去。他說，我真是不敢相信：在我們的下方，周遭，是一片美如夢境的月光海；但在這個一萬呎高空的漂浮金屬艙內，卻像是一個泄殖腔充滿了人類吞嚥咀嚼和排泄的聲音和氣味。

・・・

以上這段文字（或畫面，或一難以言喻在裡在外在上在下的妖仙幻境），是某一次我在凱麟那堆滿古代之物的時間之屋裡，像被魔法師用它那萬花筒寫輪眼盯住的凡庸之人，聽他描述那極限光焰一閃即滅的絕美。事實上，我回家之後，只要努力回想，盡量一字不漏記錄下他說的每一細節，出來後就是一段我小說裡最乖異、淒清、豔絕的段落。他家族祖父輩的故事；他曾撞見一大自然的異景；年輕時某一個美麗女孩那光霧模糊的宿舍；憂鬱症時光那像深水下閉氣泅泳的經驗……

凱麟是個不斷把「觀看」這件事，在虛空抽象界翻剝再翻剝，「所有的」現象與物自身的另一維度漂浮、釋放、纏舞，這樣一個說故事者。某些時刻，我覺得他在透過描述一個逝去之物（或景、或人），傳授我「如何看」的技藝。

「多格櫃是祖父的，小時候我常在他房間裡輪番打開每格抽屜，希望能有驚喜。當然，抽屜裡的東西從不曾改變，是老人棄置遺忘的陳年藥包，年代久遠不知為什麼被收起來的各式紙條，早已停擺廢棄卻捨不得丟掉的旅行用鬧鐘，一大把不知年代的日本鎳幣，放大鏡與老花眼鏡等等被世界遺忘的雜什。」

凱麟的這些收藏物的照片和充滿靈光的文字，很難不讓人想起張岱的《陶庵夢憶》；班雅明的《拱廊街計畫》；艾可的《羅安娜女王的神祕火焰》。一種失落之物的搜尋掏回，推疊成另一個神靈的、鬼魂的世界。

班雅明講到卡夫卡的世界，「音樂和歌聲是逃遁的一種表達，或至少是一種『抵押』。希望的這種抵押，我們得之于那個既未成形又瑣碎，既給人慰藉又幼稚可笑的中間世界，而助手們在這個世界裡如魚得水。」當然此處我難免附會凱麟這本書中，那作為「抵押」的昔時之物，或透過不在場的這些「物在人亡」的某種古老靈魂（或台灣老一輩人嘅語的無意義凋萎審美教養之花瓣）的表達，一些卡夫卡式從「中間世界」穿透過來作為信使的「助手」們，是這些他筆下深情款款的收骨董販仔老人：興仔、春仔、徐仔、小馬、謝桑、阿海……

恰好班雅明在論及卡夫卡的這一段落後，提到「有一張卡夫卡小時候的照片」：

「那雙無比憂傷的眼睛看著眼前擺好的風景，一只支楞著的大耳朵聆聽著這風景。」

他提到卡夫卡「託付別人銷毀自己的遺作」，「卡夫卡活著的天天都得面對難解的行為方式和含混不清的宣告，他可能想在臨終時，以牙還牙地至少報復他的同時代人。」

這還是讓我想到凱麟那一屋子堆滿遮蔽通道，鬼影幢幢的古代之物：古代屠戶之吊鉤、幾十尊睜眼或閉目之石佛頭、扛廟基座的「憨番」、劍獅、在深夜讓我這樣訪客起雞皮疙瘩的機械鐘從死蔭之境傳來噹噹自響、廁所裡漂著浮萍的磨石豬槽……

我好幾個夜晚在他的這個各自禁錮了不只是消逝的古代工藝，且消逝的那紊亂了時鐘的孤立之物，它們原本栩栩如生展開的一幅「東京夢華錄」、「陶庵夢憶」、「清明上河圖」……但那是一個被卡夫卡式的助手們變裝的販仔們，從台灣各近乎超現實的「惡土」、荒原礫地頹毀老屋被掏挖出來的「消失的、又不存在的場所」。

祖父六抽小櫃的那只早已停掉的古怪自走鐘，他將那鐘交給一位專調骨董表的老鐘表師傅，修好了它。

「回家後我旋緊鬧鐘發條，仔細地將鐘面外圍包覆的銅圈搽上油，放在桌上時便能聽到鐘殼裡傳來強勁響亮的機械滴答聲，好不吵人。幾個小時後，我接到媽媽的電話，祖父去逝了，享年九十七歲。」

那原本停掉了幾十年的一只祖父（不在場的活著時光）的鬧鐘，在他手中（經過那老鐘表師傅）又像一顆心臟，「好不吵人」的強勁響亮的卜卜跳動。但同一時刻，祖父去逝了。

很難想像凱麟如何「不展開」地、孤自靜謐地進行這些「無法擁有其過往時光再現」但搜尋它們，而後觀看它們，在描述中讓它們浮現其乍看淡定不擾換日線兩端之「詞與物」，看一段凱麟在論傅柯之「越界」（書寫幾乎就等同犯禁）、一種「文學的布置」之文字：

「……然而另一方面，書寫卻弔詭地等同於一種內在性褶曲，文學在此較不是字詞或句法的暴力逾越，較不是語言平面上製造的噪音或喧囂，而是對文本狡獪無比的層迭操弄，一再致使既有作品翻覆、轉向與增生質變。其中，福樓拜與波赫士是這種褶曲書寫的佼佼者，而十七世紀的賽萬提斯則為其先趨。這些被傅柯所一再援引並分析的作者並不只是透過書寫來表達某種博學或見識……因為他們所曾從事的事業進一步展現了一種謹誕生于知識空間的致命誘惑，且究極而這，『書便是誘惑的場所』……」

事實上，我幾年前與凱麟相識，有緣結為少數同齡人能將內心極幽微隱蔽之「褶曲」、「暗影」、「難以被定型的『前於書寫』的尚未受精著床之故事糊團」，可以長夜漫談之知交，進而內心視他為師（另一位我視為師之良友為黃錦樹），如此說或令凱麟尷尬，顯得作態，事實上十多年來，我一直視他們為師（不論是嚴肅的知識地貌或某種戲劇化如「福爾摩斯和華生」；《玫瑰的名字》裡那博學的懷疑論導師和那年輕修士；甚至《雅各和他的主人》一種嬉耍、漫聊、但同時啟蒙的冒險途中），然而我始終沒做好知識與教養的準備。但我回想：那許多個夜晚，其實他是在展開一個「誘惑的場所」——多年前一個密室裡光影朦曖的一個女孩所有牽動無限光影撩亂的印象派表情；一個黃昏他獨自坐在比薩斜塔上（管理員已在趕遊客）突然哀慟懷念他九十歲的哲學啟蒙老師，與自己挹悶的掉入「第二主義」的人生；某一場家族葬禮後的合照，其中一位表姊夫那完全和這張照片飄離開來不在其中的臉；高鐵上某一個鄰座熟睡女孩那像川端《睡美人》不可思議如妖幻蕈菇暴漲而出的翻湧多層次芬芳將他整個包裹、痛擊；少年時長期困於憂鬱症，某次被叔叔騎機車載於後座，經過夜間城隍廟那投影燈燭下門神凶惡之臉，他覺得自己在一個恍惚之夢中死去，後來的這個是另一個他……

我總在他那些膨脹著時光幽靈之「繁」與「重」、長期猙獰、但一眨眼只是木頭暗色、礦彩、金漆的層層堆疊的骨董櫥櫃、佛像、灶椅……的「物之陣」中，被他那些故事迷惑得不知如何是好，慢慢才理解那或如他說傅柯的「即使文學（語言）已因越界練習而徹底空無。……重點是被褶曲之物則是其經過的痕跡。」那些故事、觸覺、味覺、光影、醜怪而難堪的暴力密室所有人愕然被琥珀凝固的姿態樣貌，美好的感傷的一個之後即使Google也搜尋不到另一她的名字，自人間蒸發的女孩……關於性的一條記憶走廊，那些老人無言的談判交易著那些隨他們一些進入「死時光」的舊壞之物，那些診所長椅、簸仔店玻璃櫥……對我這樣一個外省孩子，一個胡人（蠻族）而言，那樣的中年哀樂噓唏說聽故事，其實是一個被他的「褶曲」無限的打開、暫時又不那麼空無（因為有那些骨董「物自身」的時光尊嚴）的語言折返，形成一種贈予我的「台灣」（或不應用這個雜駁考古地層的地誌名詞，而應說，他那神隱的祖父）的啟蒙。一種少年同伴的時光冒險邀請。他像個孤兒，打開他自己亦弄亂了整疊迷宮地圖的他的「單向街」、「拱廊街」，無法將那些殘骸、碎塊拼綴回一幅文明街景的「千重台」、「根莖」、「多重鏡像」與「異托邦」。

凱麟的這一系列文字，特別讓我想起我愛的波蘭小說家布魯諾·舒茲的一個短篇（可能是他的小說中我最喜歡的一篇）〈肉桂色鋪子〉：故事大約是在一個冬夜，這個少年跟著他的父親（無精打采、神情恍惚、心不在焉）去一座劇院，原本該是展開一場巨幅幕布虛幻輝輝的演出，這時這個父親卻發現自己把裝著錢和極端重要文件的提包落在家裡了。

於是非常奇怪的，父親派這小男孩獨自跑回家拿那只提包。問題是，舒茲這樣寫著：

「在這樣的夜晚打發一個小男孩執行一件緊迫而重要的差事真是太欠考慮了，因為在這種若明若暗的光亮中，街道似乎在成倍的繁殖，縱橫交錯，很容易讓人迷失。」

小男孩穿過一片城裡邊緣的「肉桂色鋪子」：

「這些其實挺氣派的鋪子晚上都開得很遲，從來都是我最心儀的目標。光線很晦暗，陽沉而肅穆的店堂裡瀰漫著油漆和香火的氣息……你可以見識到孟加拉燈、魔盒、早被遺忘的那些國家的郵票、中國剪紙、靛青顏料、來自馬拉巴爾的假珠寶、異國的昆蟲、鸚鵡、石嘴鳥的蛋、活的蠑螈和蜥蜴、曼德拉草根、從紐倫堡過來的機械玩具、雙筒望遠鏡……特別是，還有各種奇奇怪怪稀罕少見的書籍，以及有著讓人驚訝的版畫和奇妙故事的對開本老冊子。」

小男孩且以他的視角，回憶「那些態度矜持、老態龍鍾的老板在服侍顧客的樣子。他們眼睛低垂、態度肅默」……這篇小說最奇怪之處，在於這小男孩穿過那「肉桂色鋪子」後，似乎迷路（但歡欣好奇）在一片夜間的夢遊世界，「天空上布滿了銀色的鱗片」，他穿過小學校園「有種難以言傳魅力的夜間繪畫課」，他騎上了一匹受傷的馬，穿過包括父親、老人們皆不在場的「同一個名字但另一次元的那座城市」，最後那匹馬變得愈來愈小，變成一個木製的玩具。

小說的結尾，這小男孩竟說：「我完全不把父親的提包放在心上。父親經常沉迷在自己的各種怪癖中，此刻大概已經忘掉了那個丟失的提包，至於母親，我不必太在乎。」

班雅明在描述到杜米埃的石版畫中那一長串的藝術愛好者、商人、繪畫欣賞者及雕塑鑑賞者，提到「這些人物，都是高高的、瘦瘦的、目光像火舌一般灼人……這些人就是古代大師作品裡的淘金者、巫師和吝嗇鬼的後代。……正如煉金師將他的『低級』願望——煉出金子——與對化學藥物的鑽研結合在一起……在這些藥物中，星星和元素相融會，表現為精神性的人的畫面，收藏家在滿足『占有』這一『低級』願望的同時，從事著對一種藝術的鑽研……在這種藝術的創造中，生產力和大眾相融會，表現了歷史性的人的畫面。」

我想這是凱麟這本書裡，那些檜木多格櫃、醫生椅、機械鐘、菸酒櫥、紅眠床、鏡台……那私密、瘋魔卻又抑斂的收藏者的「艾蜜莉的異想世界」，他穿梭、重建、以小男孩的形貌，迷路在那一條「昨日之街」、「單向街」的時光布置道具，可以建構成一格一格不存在的簳仔店、老醫生的診所、古厝、廟宇……那些光陰的層層疊影和細縫。

他在細細描訴那些菜櫥、菸酒櫥、簳仔店櫥的抓耳撓腮、喜不自勝。真是讓我這外行人亦被那如普魯斯特寫馬德蓮糕而召喚之時光彷彿可撫觸之細粉、歷歷如繪之流動運鏡觀看所魅惑。那種不斷累聚，不斷在那些櫥櫃的漆色、抽屜、凸簷、骨架嵌以之幾何紋路……一種詞與物的「繁」，而至審美或靈視的腦中突觸被不斷電擊、顛倒夢幻，乃至明明看去彷彿沖淡節制的文字，各篇讀完卻有一種過度（美感或物件史對照記的繁複心靈活動）激爽之虛疲與悵惘。

一種物之哀。「櫥猶如此，人亦何堪？」一種群鬼憩息、挨擠在我們身邊聽漫漫長夜之聊。那像是那個小男孩，原來要去尋回父親遺忘的「身分」（或懵懂可以證明其無法言說其面孔模糊所經歷的時代）之文件，但卻在「肉桂色店鋪」那暗影幢幢、神祕、暗金細緻、沉積了時光的醇度的審美的「細節的細節」之暈眩中迷路，那種時光孤兒的悲哀後面，另有一種難以言喻的自由和歡樂的反差。

祝福凱麟這本書。

推薦序二：游牧與放逐

鄭穎（文化大學中文系副教授）

有一次，在兔子聽音樂外頭的露天咖啡座，凱麟拿出甫從巴黎帶回的紙袋，魔術般細撮起纖長手指，凝空作勢如將法國麵包切片，抹上杏子醬、鵝肝醬、鹽之花；苦楝樹一時似被挪到了香榭大道，他的面容在光影細縫間波光粼流起來，怎麼會呢！這個身受嚴謹法國哲學訓練的，和那個在台灣鄉間民居拾物的，是同一人麼？是呵，是的。咖啡冷去後，話語如舊，我們唏噓著，那沿街是骨董文物的年代不再！如兩個骨董販子，感嘆追憶似水流年，那黃金燦燦的天寶遺事！

就地游牧，是為放逐？或棲息？

這無疑是一冊真實不虛的繁華過眼錄了。靈光一剎駐停於此、籤寫入冊的，不僅僅只是凱麟輕描淡寫的疼惜心情；這悟言一室之內的懷抱，正是文人體物寫志的大傳統：繁如星斗一部寫物史。迢遠時間之河彼岸的，有明人張岱，「極愛繁華，好精舍，好美婢，好孌童，好鮮衣，好美食，好駿馬，好華燈，好煙火，好梨園，好鼓吹，好古董，好花鳥，兼以茶淫橘虐，書蠹詩魔，勞碌半生，皆成夢幻。」苦活執筆，嘻笑戲寫《陶庵夢憶》、《西湖夢尋》，雖言砂罐錫注、鸜哥祖母，其實掩映著《石匱書》的黍離之痛。

魯迅、周作人，堪稱上世紀初中國文壇最負盛名的兄弟檔。後者曾說自己的閑適文章與正經文章，像是「紳士鬼」與「流氓鬼」的交替崢嶸，也像隱士與叛徒的異曲。這兩組名稱標籤，似乎更適合拿來對照此兄弟二人作品與行事的迥差風格。兄弟失和、〈閉門讀書論〉後，周作人更加純粹地倒向美文書寫，與魯迅分道揚鑣。《看雲集》裡，從金魚、虱子到莧菜梗，無一不閑適沖淡。蘆溝橋事變後，知堂滯留北平，國難聲中趨附汪偽，此漢奸之行如鉛塊拉扯著他往惡名頹墜的同時，魯迅早已成為新中國的文學圖像。戰鬥與閑適，兩人的形象與評價，天差地別遠在天平的兩端。然而，魯迅日記裡煌煌大觀記下的收藏紀錄，直是一本現代《長物志》。某種迷戀細節、戀物的本質，絲毫不遜周作人式的「草木蟲魚」蘊藉溫情。鐵血匕首的背面，魯迅在漢磚瓦當、古幣陶瓷、木刻版畫等「物」上，特別顯出古老中國的暈黃韻澤。周作人亦同，常年日記的習慣，始於一八九八年，直到《知堂回想錄》，長達六十三年。日記記事，本是常態，他的日記則不只記事，尤其著墨記「物」、記玩骨董拾芝麻的閑事。藉由負荷情感內容的「物」，我們似乎尋得某種密碼，通往他們掩飾在新文學身分底下的，中國傳統文人的美學密室。

一九四八年，左翼文人郭沫若發表〈斥反動文藝〉，批判「為藝術而藝術」的朱光潛、梁實秋、沈從文等人，文中指沈為「看雲摘星的風流小生」、「存心不良，意在蠱惑讀者，軟化人們的鬥爭情緒」。一連串的打擊與威脅下，沈從文陷入極大的恐懼憂鬱，如亂石打下各類反撲與反擊，將他帶到如地獄般的恐怖之境，其騷亂躁鬱疊疊層層，如幢幢黑影。翌年，沈從文封筆，告別了以《邊城》聞名的小說家身分。大難之後，沈從文重入湘南，櫓槳的咿呀聲與船歌、長河的水重新撫慰他，他寫到：

我彷彿被一個極熟的人喊了又喊，人清醒後那個聲音還在耳朵邊。

在黃昏的薄暮中，他寫下如上文字。是啟發，也是暗示，他找到重入人世的路徑。曾經，他為文學來到北京；失去了文學創作，他的原鄉仍在，那是古老文化與藝術的、絕對美麗的所在。如何重新活著，他找到心裡另一個「故鄉」，像湘水一般在他心裡汩汩流動且源源不絕的，他心內的「故鄉」。看似斷裂的「全景幻燈」，畫面跳開，它是下一張圖片出現前的空格：黑暗、無助、光彩遠去、聲音啞闇。但，闃夜裡，沈從文筆下的人物，其溫和線條，素雅質感仍在，仍靜置安在。下一張畫面出現，白描添上工筆設色，沈從文的文物書寫帶來他生命的另一段風華。正如他生前未見發表的遺作〈抽象的抒情〉寫道：

生命在發展中，變化是常態，矛盾是常態，毀滅是常態。生命本身不能凝固，凝固即近于死亡或真正死亡。惟轉化為文字，為形象，為音符，為節奏，可望將生命某一種形式，某一種狀態，凝固下來，形成生命另一種存在和延續，通過長長的時間，通過遙遙的空間，讓另外一時另一地生存的人，彼此生命流注，無有阻隔。文學藝術的可貴在此。

論物寫物，或是繁錯人世的遁逃之所，或是救贖？時代的煙硝火氣畢竟柔和成織錦上的雲靄團團。

而凱麟所迷戀痴情的，終究是天寶遺「事」呵。

他的寫物，其實是寫人，迎光細看花柴鐫雕，透出一則又一則傳奇，亙古未被深情書寫的台灣民藝販仔傳奇。

他們被凱麟細細鐫刻、深深浸入礦物彩顏料並泛出光華，像《聊齋》的繾綣情事。他以物之名標的，素描其形，密雨色點氤氳而出的，則是檜木般油潤、靄靄蘊光的台灣世情。荒疏宅院裡同主人一起在時光中老去的家具，靜謐無聲仍暗暗滋長記憶的年輪，如圈勾記不被書寫的歷史，那種溫潤恬定，從不躁聒揚聲，正是台灣民間底蘊。自西南聯大開始，便長期跟隨沈從文的汪曾祺如是回憶老師：「他『變』成了一個文物專家。這也是命該如此。他是一個不可救藥的『美』的愛好者，對於人的勞動而創造出來的一切美的東西具有一種宗教徒式的狂熱。對於美，他永遠不缺乏一個年輕的情人那樣的驚喜與崇拜。……」凱麟亦是，亦惟有凱麟能以此等抒情眼神，為台灣民藝書寫傳奇。

這幾年，在錯迕人世與是非學院中跌來撞去，我不只一次問過自己：如何可以欣得所遇、暫得於己？哪裡可以身心安頓呵？一次又一次踱步到故宮的汝鈞官哥定瓷面前，風枝水響，清涼心起。周作人晚年自寫自述傳，說：

對於天地與人既然都碰了壁，那麼留下來的只有「物」了。

凱麟一定能懂！

自序：民藝這條路

楊凱麟（作者）

台灣民藝，這是多麼陌生卻親切的詞彙。

這些年來，引領我漫遊於各地骨董商，日復一日逡行於台灣鄉鎮荒野的古厝老宅，不厭其煩地標記各地尋寶祕徑的動機其實至為單純：對生長於斯的土地的好奇。僅僅是單純的好奇，就足以讓人渴望浸潤在總是豐饒飽滿的台灣礦物彩色澤裡，讓人一遍遍地翻看凝視昔日台灣匠師的樸稚木雕，或是整日貼身摩挲台灣檜木老家具的浮凸紋理而由衷感到生命的滿足與喜悅。

十多年來，台灣的老房子被無情地快速毀壞拆除，都市更新與無限制的道路拓寬切斷了我們對昔日時空的僅存回憶，由老屋所庇護的各種生活事物因此流離失所，甚至一文不值地被棄置銷毀。我很幸運的能在九二一大地震與老厝群聚政策性大舉拆遷時偶然迷上台灣的老東西，時間雖然不真的悠長，但僅僅數年之間，台灣老東西的買賣交流從繁華歸於平靜、沒落，如今這本書裡所記錄的物件都不再容易看到，成為絕響。我這些年來痴迷與熱中埋首於各地骨董店裡有如置身龍宮寶窟的眼花撩亂與意亂情迷，現在除了當年或一見鍾情或不經意帶回的這些事物外，彷彿在《聊齋》的深宅古厝裡迷魅地度過繁華一夜，或浦島太郎見識海底龍宮倦而歸返，一切騰空消失，世界回復到平常之境。

我不是骨董專家，但是與台灣老東西的相處卻是生命真實的感動。

年輕時負笈法國，總是訝異於法國人家裡的沉靜質樸與由此散放的美感。後來漸漸理解這是老房子與老家具所自然流露的氣氛與光暈。法國人不太買新家具，許多朋友的衣櫃、餐具櫥、書桌或沙發繼承自家族長輩，因此有時光的獨特洗鍊，有親人的手澤與庇蔭，世界讓人熟悉與安心。這些承載幾代家人生命的原木家具常有百歲的年紀，讓俯仰其間的後代子孫更懂得敬物惜福，懂得謙遜與感恩。

法國人總是住在老屋裡，修葺房子時尊重原有的結構及建材，因為一棟建築是百年之計，他們因此保存了無數私人老宅，許多教堂、城堡與政府建築可上溯到中世紀。當然，房子裡有的是數十代人生活其間所遺贈的豐富器物及細節。我朋友的老房子仍留存著兩百年前自家烘焙麵包的石砌烤爐，如中國古墓般在客廳裡墳起一座饅頭形小山。友人不無驕傲地拿出一本羊皮筆記，這是從十八世紀開始記錄的房屋修繕史，歷任屋主的詳細資料亦羅列其中。

物的生命其實比人悠長。躺在老屋十九世紀的橡木床上那晚，我不自禁地感動莫名。

台灣人毫無惋惜地拆毀老屋，不假思索地整屋裝潢，生命的質地短促而浮華，水泥建築十年便蒼老不堪，薄板裝潢五年就顯陳舊，因為一切都僅是消費社會裡「用後即棄」的短線邏輯。然而，台灣民藝的經驗卻讓我知道，台灣社會曾經不是這麼輕佻與失憶。從不同機緣裡尋覓而來的這些老東西顯現的是現代台灣人所不再認識的另一種生命質地，更為質樸、歡喜，更為豐饒，也更貼近真實生活本身。

現在珍貴無比的檜木其實是台灣老家具最常見的材質，阿里山鐵路的開發使得台灣人的生活曾被檜木的獨特質地所包覆與滋養，這是大自然賜予的幸福。

我總是希望能疼惜每一件物品，正如它們先前的主人一樣。老東西的材質常常是單純的木、竹、陶、瓷與玻璃，在歲月的淘洗下變得脆弱與易毀，而手工雕飾的人物花樣更是禁不起粗魯的磕碰。生活於老東西之間使人懂得對周遭事物有更細心與謹慎的對待，對老東西的尊重與疼惜或許正是「慢活」的物質基礎，是對自己身處世界的用心。

對物的惜情來自於悠長時間所滋生的美感。室內只要放置一件老家具，即使只是造形簡單的台灣菜櫥，整個空間便往往盈溢著獨特氣韻，一種近乎隆重的莊嚴，以及此莊嚴所自然噴吐的美感。這是現代的薄板裝潢永遠模仿不來的。

台灣民藝或許可以離開其僅是「骨董收藏」的刻板印象或「文物買賣」的不佳聲譽，因為在台灣民藝的諸多項目（老家具、老佛像、老瓷器、老石雕……）裡，銘刻著昔時台灣社會敬天惜物的感情，以及對許多深情的民藝人而言，由歲月所賦予的獨特光暈。生活於台灣，除了千篇一律地將自己的房屋改建與異化成虛假的地中海或北歐風格之外，或許應該有不裝潢（或拆裝潢）的選擇。台灣既存的老家具與老東西可以是我們生活空間的另一個純淨可能，而且比起被裝潢所汙染與失憶的居家，屬於台灣的老東西有更健康與無可取代的美感。

每一件老東西在時間的淘洗下都是獨一無二的珍品，明滅閃爍著悠長生命所充盈的靈光。因為惜情與念舊，我決定寫下這些光暈所照亮的細微人、事，與我因此認識而熟稔、因熟稔而相惜的民藝人。

這不是一本骨董指南，也不是關於古物歷史的研究，一切被寫下來並編纂成書的，是對昔時台灣的感情，與在一切速成速食的失憶年代裡，對我所曾喜歡與結交的民藝人事的回憶。

屬於台灣的時間質地與美感，或許就是這本書出版的理由。

在老厝裡

菜櫥與飯斗架

菜櫥是家戶必備的家具，數量因此眾多氾濫，很多民藝販仔的主要買賣就是各種菜櫥。方方正正的基本款至少都是檜木材質，另有樟木、肖楠、黑心石或其他珍稀木料。民藝人講究的是菜櫥的形制與年代，好木料則更是加分。不同地區各有代表風格，如善化體、新竹體、客家體或平埔體等。較受重視的通常是飯斗菜櫥，由色澤、漆路與木料新舊可推斷大致年代，櫃門採推拉或開闔亦是簡單判準。

我不迷菜櫥，但仍舊有了這座飯斗菜櫥，因為外形實在討喜少見，不類一般菜櫥，亦非典型飯斗菜櫥，因此擁有造形繁複之美。

飯斗菜櫥是結合菜櫥與飯斗架的「複合式民藝家具」，取菜盛飯從此可以在單一家具上完成。這種多功能廚房設備的複合觀念，是工匠的巧思，可能亦是台灣人追求各種複合式概念（複合餐廳、複合養生會館……）的濫觴。

不同於一般飯斗菜櫥中段掏空以便置入飯桶的傳統設計，這座飯斗菜櫥將飯斗架縮小到左半側，儲菜櫃往下擴充成三層，加上左右上下功能各異的儲物櫃與抽屜，一座菜櫥結合了六種不同功能的構件；櫥櫃有的密閉有的通風，櫃門有厚有薄，柵欄造形也不相同。能擁有這麼多不同造形的元素卻不庸俗金光，反在沉靜中散發古典的秀氣，真令人歡喜。幾年來我亦見過幾次這種反C造形的飯斗菜櫥，這座展現了最繁複優雅的匠藝。

與菜櫥一樣，飯斗櫃與五斗櫃數量亦多，自然成為民藝家具的基本款項，有時候一間民藝店可以擺上數十張，卻不易遇著令人心動之物。飯斗櫃是廚房或飯廳家具，櫃頂用來放置飯桶，因為櫃身不高坐著添飯取物很便利。現在很多人買來放小瓦斯爐當泡茶車，當然，既然是廚房家具，擺電子鍋與飲水機也合宜。

這張飯斗櫃（頁二四）有樟木家具的硬挺，櫃頂四周圍以酒瓶狀的車軹柱欄，四角柱頂雕鑽石頭收束，造形謹守台灣家具的基本元素，櫃身圍繞著簡

日據時期檜木家具。昔時沒有冰箱，菜餚、食物與烹調材料只能暫時存放在菜櫥裡。菜櫥通常通風，較不易產生異味，亦可避免食物在密閉空間裡悶壞腐敗；食物存放在菜櫥中亦可防蟲鼠污染嚙食。台灣的菜櫥以木或竹材製成，一般分成3層，上層存放菜餚，中間有抽屜置放餐具，下層則收納鍋具。

單的細直木條，既通透又有幾何造形的簡捷乾淨。因是樟木，櫃子極為沉重穩固。

這樣的菜櫥與飯斗櫃是被冰箱與系統家具所淘汰的昔時器物，先人們巧思防蟲蟻老鼠蟑螂的機關與避免食物悶熱餿壞的通透設計既自然又環保，已習於各種化學添加物與耗電家具的現代人遺忘久矣。

在現代的生活裡，昔時這樣特製化的家具用途極為限定，似不宜多，緣於其濃烈的台灣民藝性格，一座足矣。

方凳

方凳是常見的台灣家具，販仔也常稱為媳婦椅，朱漆或干漆為一般款，如果椅面填鑲一或四片磁磚則是大家追求的上品，當然，就如同圓凳一般，販仔為了抬高價格，磁磚常是自已挖洞嵌入的。

台南地區亦可找到茄苳入石柳的貴氣方凳，我曾跟隨老販仔穿過重重的低矮廊屋進入一位老太太的臥房，房裡紅眠床上四仰八叉正躺著幾個午睡的小孫子，眠床品相普通，老販仔瞧都不瞧一眼，直接從一座日式梳妝檯下拉出一張方凳，房裡很暗，凳子上披覆著花色陳舊的流蘇針織坐墊，我根本看不清凳子的模樣，只好掏出小手電筒一照，果然是一張入石柳的漂亮凳子。凳子有一對，以其稀有性與台南地區對茄苳入石柳的痴迷，價格不斐。

老太太不想賣，因為她坐這張凳子已經半世紀以上了。老販仔為了凳子前後來拜訪她十多年，幾已成為熟人。然而，椅子已深深嵌入老太太生命的一部分且仍然一起在時間中繼續活著。老販仔因此從不勉強那些與自己習慣器物共同生活著的老人們，這些堅持自己生活細節與回憶的老人在漫長歲月中也漸漸成為老販仔很獨特的友人。

我們於是欠身道謝，再沿著彎曲的廊道退出老屋。凳子終究沒買成，繼續與老主人靜好地待在時光凍結的老屋裡。

照片中這張檜木方凳是更早些時候買的。椅面嵌入四片一組的罕見磁磚，有獨特的日本風。被歲月磨蝕的檜木原色散發老器物的圓潤豐澤，與大片留白的花卉蝶舞一起構成優雅的日據氛圍。凳子下方原有一個抽屜，惜已遺失。販仔家裡有一對卻只應允賣我一張，讓我任挑。當時初入民藝之門，不懂得堅持兩張一起買走，拆散了漂亮的老家具，每次想來便深深地後悔著。

因為方凳好用，當置物小几可以擺放佛像、茶盤、花瓶或燈具，後來亦買了各式干漆或朱漆方凳放在桌邊牆角，竟也自成一景。

椅面嵌入4片一組的罕見磁磚，被歲月磨蝕的檜木原色散發老器物的圓潤豐澤，與大片留白的花卉蝶舞一起構成優雅的日據氛圍。

灶椅

昔時廚房都有大灶，方便烹煮大家庭眾多人口的三餐，因此閩南語稱廚房為「灶跤」。幾年前我賃居嘉義鄉間的磚造半樓仔裡，廚房裡便有一座闊綽的磚砌大灶，灶上有巨鼎與煙囪，完整保留五十年前的灶間景觀，好像一切家庭的起居生養都可以圍繞著大灶巨鼎完成。只是我用不著大灶，也不需要巨無霸大鍋來炊煮，廚房正中央蹲踞這個龐然大物實在令人頭疼。

要起灶煮食就得有人生火，灶椅是讓負責照料柴火的人蹲坐的矮凳。灶前高溫熾熱，灶椅因此不能是易燃的木製品，於是以磚胎特製，成為台灣民藝裡獨特的非木製家具，也造就了一門極獨特與高價的收藏類別。

灶椅低矮，除了可坐在灶前生火，實在不知還有什麼用途（放在現代浴室裡洗澡專用？）。我因此很少感到興趣，在收藏人家裡見著，也大抵擺放桌上成為

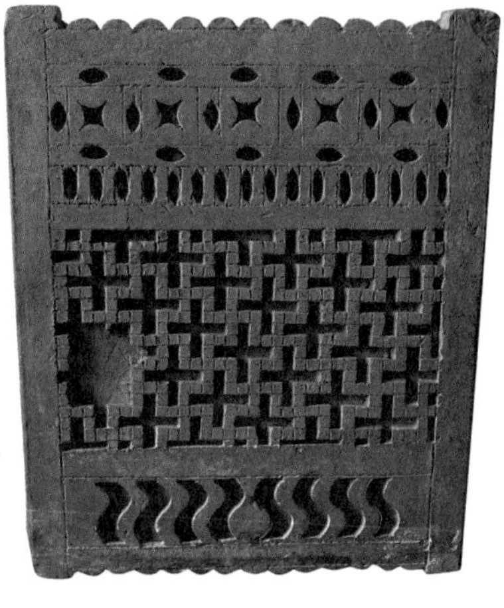

日據時期家具。台灣早期以紅陶土燒製日用器具的工藝，常見於製作陶甕、花盆、豬槽、雞槽，筷筒或灶椅，亦可見於神像、薦盒、風獅爺等宗教器物，項目繁多，因此亦自成一種收藏類別。

純裝飾。而一只灶椅動輒萬元，主人大概也捨不得讓不識貨的來客胡坐磕碰以免心碎。

令民藝人心醉神迷的，是灶椅的獨特質地：紅磚胎，特別是台南地區胎土細緻綿密、紅潤Q嫩毫無雜質的歸仁窯磚胎。

常見的灶椅是圓鼓形，兩側各挖一小洞方便勾取搬動。如有橢圓造形則稱為腰子形，數量較少且當然索價不斐。早年我曾在蘇仔店裡見過轟動中南部的腰子形灶椅，椅面的邊緣環繞著手工刻畫的三角形紋飾，兩側則挖出討喜的雙錢造形洞口，翻過厚重的椅身可以看到布滿鈣白色水垢的內裡亦陰刻了一枚漂亮的紋飾。這個神物在蘇仔店裡靜待了幾個月後，再看到時已在興仔店裡，又幾個月後終於隱身於興仔某個高檔客戶的收藏庫房裡，從此世上絕跡。

照片中的這個葫蘆形灶椅是極罕有的怪體（興仔稱為腰子形，反正怪體一律叫腰子形就沒錯！），我詢問了許多前輩沒人曾見過類似造形。葫蘆的兩頭精簡的各挖了一洞，胎土厚實，重要的是有Q爹爹幼咪咪的歸仁窯嫩紅胎土。

終於有了這只灶椅後，我其實早已搬離廚房有大灶的鄉間老屋。我也跟收藏有灶椅的民藝人一樣，不知該怎麼安置這個神氣漂亮的小傢伙。捨不得丟在地上任其被遺忘，只好端端正正地安置於桌上，當成一塊笨重卻美麗的磚塊，隔一陣子就小心拂拭，免得蒙塵讓人心疼。

六抽小櫃

最後一次從老家離開時，我拿走了這個檜木多格櫃。在滿屋子老家具的現在家裡，這是唯一一件由家族傳承下來的物件。

家裡曾是日本式木造樓房，三十多坪的房子卻有兩座樓梯，其中一座更有三、四人可以錯身的氣派，這麼揮霍的空間設計是現在很難想像的。

多格櫃是祖父的，小時候我常在他房間裡輪番打開每格抽屜，希望能有驚喜。當然，抽屜裡的東西從不曾改變，是老人棄置遺忘的陳年藥包，年代久遠不知為什麼被收起來的各式紙條，早已停擺廢棄卻捨不得丟掉的旅行用鬧鐘，一大把不知年代的日本鎳幣，放大鏡與老花眼鏡等等被世界遺忘的雜什。

木造房子後來拆除，許多老家具如菜櫥、衣櫃、書桌與普普風沙發都不知所蹤。但這個多格櫃卻幸運地倖免於屋宇搬遷改建的兵荒馬亂，跟著祖父一起搬進鋼筋水泥的新居，如是又二十年。

長大後我便未再碰過這個櫃子，祖父更老了，胡亂地在櫃門與抽屜間釘上鎖頭，緊鎖著他的貴重物品。多格櫃沉默地看守著祖父晚年時俯仰終日的二樓一角，成為水泥房間裡與老人一起時間停止的事物。

最後一次返回老家時，我仔細地翻揀已經荒蕪的七層樓家裡各個角落，想把屬於自己最私密的記憶涓滴不漏地帶離。當時我還不懂得老家具的珍貴，對於台灣民藝也一無所知，心裡只是充塞著不捨，不忍讓一件件伴隨自己長大的器物終被遺棄、忘卻，淪落到陌生人之手。於是在祖父的房裡我抱起這件櫃子，讓它跟我離開。

一眨眼幾年過去了，我並沒有特別在意這個櫃子。直到我漸漸熱中起老東西後，終於拆除櫃子上的鎖頭，把凌亂的釘痕略事補綴，重新擺放在一張檜木帳務桌上。櫃子抽屜裡有一只旅行鬧鐘，鐘面是濃亮的黃底印著粗黑的大數字，外款包覆暗底碎花布。鐘已停擺，旋緊發條亦毫無動靜，十多年來一直被遺忘在檜木櫃某層抽屜的底部。那時仍是

我每週六清晨勤赴跳蚤市場的年代，市場裡總有一個席地而坐的鐘表師傅幫骨董表迷修理他們找來的各種老手表，我把鬧鐘拿給師傅看，他立刻拆開機芯，撥了一下簧片，要我一週後來取回。

一週後再看到鐘表師傅，他仍一逕蹲坐在一把矮凳上像是想將整顆腦袋鑽進手中被開膛破肚的表殼裡。他從表殼裡抬頭看到我，便從腳邊幾個塑膠皮包裡翻找我的鬧鐘，找到後很有耐性地撥轉指針到準點，又試了鬧鈴後才交給我。

回家後我旋緊鬧鐘發條，仔細地將鐘面外圍包覆的銅圈搽上油，放在桌上時便能聽到鐘殼裡傳來強勁響亮的機械滴答聲，好不吵人。幾個小時後，我接到媽媽的電話，祖父去世了，享年九十七歲。

現在我留下這個漂亮的櫃子與鬧鐘，即使未來再有什麼波折，能看到這件沉靜陪伴我度過童年的蒼老家具總也還在那裡，心裡便感到安慰了。

紅眠床與和室桌

紅眠床曾是民藝家具裡價格最高，卻也是最尋常事物，因為每戶人家都需要眠床，數量因此眾多且價賤如土，只是體積龐大的眠床亦是豪門巨賈得以奢華雕飾的木造家具，雕工繁複用料高貴的眠床亦能喊價上百萬元。在懷舊茶館盛行的年代裡，民藝店家都不免擺出一兩座紅眠床，民藝人夢想可以在床上設案泡茶，招待來客。等紅眠床載送到家裡後往往後悔不迭，因為這種架高的床鋪不僅上下不便，而且床上的木架讓所有人都感到拘束與狹隘，紅眠床最後常成為家中巨大的蚊子館，否則便被拆解丟置家中一角。

紅眠床常與年邁的老人聯想在一起，亦很讓人擔憂是否「不乾淨」，因為老人很可能就在床上過世。很少人買了紅眠床後能真的物盡其用，如同收藏民用瓷器的人儘管滿室漂亮碗盤，卻同樣基於「不乾淨」的憂慮而使用大賣場的廉價產品。我家裡有兩座紅眠床，幾年來我一直睡在其中一座，另一座則留給到訪的客人使用。

紅眠床是跟春仔買來的。春仔一家人是我最早認識的民藝販仔之一，但除了一頂朱漆客庄紅眠床，我跟他買的東西幾乎都沒能留下了。

我認識春仔一家時已過了骨董民藝的全盛時代。他們搬到小鎮郊外的破落鐵皮屋裡，吃住睡都與滿屋子的老家具一起。因為靠近河邊，某年水災時上百個大水缸被流水捲得七零八落，載浮載沉地漂散到周圍農地裡，幾個月後我在附近水圳裡都還看得到幾個。

春仔的鐵皮屋裡像迷宮般塞滿了南部家具的各種基本款式，主要是菜櫥、五斗櫃、檜木箱、神桌、板凳與眠床。這些家具體積碩大，如果不是造形特殊且品相完整，則數量太多只能是「死豬仔價」。儘管也都是昂貴的檜木質地，但價格便宜得讓人心疼。目前幾已無老屋可拆，現存的古厝也早被販仔蒐羅一空成為空殼子，貨源枯竭，普通款的老家具價格卻幾年來幾無變化，像春仔這種第一線腳踏板是王仔賣給我的。
福杉材質上有相當漂亮的干漆色澤，配上3個喜氣洋溢的紅朱漆抽屜，
是紅眠床不可或缺的老配件之一。

販仔幾乎無以為繼了。好不容易找來一座菜櫥，價格卻是青菜蘿蔔價，過去貨源充足流通迅速時尚不當一回事，現在連普通菜櫥都少見了，價格卻不見水漲船高，一般販仔不改行恐怕得喝西北風了。

春仔曾從內室上鎖的玻璃櫥拿出一個漢代的銅鼎與戰國的青銅器給我看，雖然真假莫辨，但總也是盛世遺留的痕跡了。

和室桌是銘刻在台灣家具系譜中的日據記憶，老房子裡不免容易翻出這種桌面迷你且短腿的小桌。因為尺寸縮小（Q版書桌）方便搬運，跳蚤市場裡常常可以找到，價格亦便宜。

好的和室桌在桌腳間有著雪橇般的平行木托條，可避免桌腳拖行時刮壞榻榻米。如果沒有木托條，那麼得小心檢查桌腳，可能是以普通書桌鋸短權充，因為販仔如果在民宅裡買到桌腳蛀爛的書桌，很可能乾脆改裝成和室桌，這樣反而受歡迎。

和室桌像短腿又縮小桌面的書桌，適宜跪、坐於榻榻米上的日本式起居空間。因此除非家裡亦

紅眠床的橫梁上，
鐫印著日治時期台灣總督府火戳標記。

床腳雕工精細。

好的和室桌在桌腳間有著雪橇般的平行木托條，
可避免桌腳拖行時刮壞榻榻米。

設了這幾年流行的和室，和室桌其實並不實用；其實，恐怕連特地裝潢隔出的和室也大多成了家裡不實用的閑置空間，變成蚊子房。

很多人因此把和室桌疊在另一張桌子上，或棄於牆角當其他家具的底座。否則得有大頂的紅眠床，大家上床在和室桌旁盤腿泡茶。

我的紅眠床上有這張和室桌，但不用來泡茶，因為我睡在床上，桌上擱著睡前讀倦的書。

要收藏，就不要忌諱

收藏老東西而有忌諱，很難有所成。然而，百無禁忌者卻也駭人聽聞。有人因為便宜，幾年間便買下近百塊中國大陸的老神主牌，大部分確是清朝古物。但家裡坐擁這麼多別人的「公媽牌位」，即使訪客都不免頭皮發麻。有人喜歡磚胎器物，從豬槽、雞槽、磚臼、磚甕、灶椅，一直收藏到清代的磚胎墓碑。琳琅滿目的各式磚胎確是壯觀，墓碑的胎土也真是豔紅細膩的極品，Q得沒話說。就是碑上陰刻的那行「顯考劉氏之墓」讓人背脊涼颼颼。

收藏老神像而與家人同住，考驗的則是別人的信仰強度。有的因太太不准神像進屋，所以把買回來的玄天上帝用報紙包裹塞在門外鞋櫃裡；有的則因為在玉市買太多木雕佛像沒地方安置，於是床下的水果箱都成為眾神暫棲之處。至於販仔則什麼攏嘸驚，為避免佛像沒有「去神」而被收藏家忌諱，佛像收到手後當場以螺絲起子撬開背板，將封印其中的蟲子及符紙掏出丟棄。於是，一尊佛像就此「去神」！老東西難免被附會各種迷信。漂亮的紅眠床大家都垂涎，買回家裡卻沒人有勇氣躺在上面睡覺，只能充當巨大無比的空洞擺飾，或號稱床上是交誼泡茶區，但殊少使用。有人歡喜買回一座老菜櫥，好不容易從樓梯搬上三樓安放，被家裡的老阿嬤發現後，拿掃帚連趕帶掃地罵出門，最後菜櫥原封不動的再載回民藝店裡。

要收藏，就不要忌諱。那個掏出符紙與小蟲的販仔這麼告訴我。

在家裡放著某個陌生人生前數十載歲月的貼身器物、家具，或擺設曾在供桌上受人膜拜的斑駁神祇，心裡疙瘩難免。但對老東西懷著感情，想讓它們再得其所，遇到歡喜使用的人。這樣的心情，連帶地對其先前的主人也覺得親切起來了。

樟木箱

我很愛木箱，各種尺寸色澤的檜木、樟木、黑心石木箱。箱子上有鑲嵌的黃銅提把、鎖頭，講究的大木箱還在四角包鐵片保護。甚至有半人高的戲班箱子，是存放戲服行頭跟著歌仔戲團四處走唱的特殊道具。

箱子因為量多、占空間且不怎麼方便使用，因此不值錢。幾年前大拆眷村時，蚤市的木箱簡直大噴發，幾百元便可買到一只五金完整且上下皆整塊木板製成的漂亮木箱，大家且不怎麼感興趣哩。

我因此不知不覺中有了五十幾口木箱，在家裡堆疊成一落落巨大的箱牆仍樂此不疲，特地請來木作師傅設計專門的層架來疊放滿盛衣物、粿印或文書證件的各式木箱，且樟木或檜木自然散發的濃郁香味保證蟲蠹不生。

木箱不是長居久放物品的家具，而是行旅時適宜搬動（因此有把手與防撞的銅鐵包角）的臨時儲物空間，甚至是流離逃難時隨身鎖存重要文件的私人行囊，電影裡常見人們把木箱捆綁於車上準備遠行。因此外觀雖然樸實無華，閉鎖的小空間裡卻滿溢最私密的感情與最貼身不捨的記憶。

或許，這是我著迷於各式木箱的理由。偶爾買來的木箱也真的仍儲放了半世紀前放入且珍惜題字簽名的黑白照片、證件或書籍，凝視著像是從被封存於時光膠囊起出的這些私密物件往往令我動容。

這個小樟木箱是從小馬的攤子上找來的，他的小發財車是我每週在蚤市最期待的攤子。因為他實在會找貨，我因此專程跑到台南找他。他的店開在市郊很不起眼，也不常開門，彷如已歇業但仍繼續層層疊疊堆積令人發愁的各式雜什的老簸仔店古早童玩店。我在低矮的店裡眼花撩亂，簡直要替他這麼巨大的雜亂憂鬱起來了。在魚塭遍布的海埔地裡小馬另有一窟，有圍繞一座魚池DIY蓋起來、不知該怎麼形容（度假小屋？倉庫？武俠片布景？茶藝館？廢墟？）的奇怪長屋。

小馬花了許多時間建造自己的天地，找朋友一起築了木橋通往廢棄魚池的中心，盡頭處一張色澤烏亮的竹躺椅映著水光搖曳的池影。如果不是周遭荒蕪破敗的景觀實在刺眼，在西海岸澄黃燦爛的夕陽裡，我真要以為自己置身在太平洋度假小島了。

魚池緊臨一條顏色黝黑發亮、緩緩流動著的河流，配上小馬的奇怪小屋、荒廢魚池，與整個下午的藍鬱的晴空，真是令人畢生難忘的獨特景緻。

「那是二仁溪，台灣最重度汙染的河流。」小馬淡淡地說，打破了我的美夢。

小木箱拿回來後，保存著我最珍貴的私人書信。跟其他眾多的木箱一樣，外表雖不起眼，卻存封著外人難以了解的感情。

鏡台

鏡台常見，與針線盒同是性格鮮明的女性家具，為陽剛的民藝家具增添不少溫婉的線條。

既是木造家具卻要溫婉陰柔相當不易，鏡台因此常失之單薄呆板，或繁瑣匠氣。

中式的鏡台較常是寶座樣式，檯面上有如同椅背扶手的透雕花鳥或人物，如同一張精雕細琢的椅子，椅中可以擺放支撐一面鏡子。台式鏡台則有日本風，較專注於抽屜的構件造形，鏡子則簡單直立於檯座上可以前後調整角度。

鏡台常是陪嫁的妝奩，女子梳妝打扮除了需要鏡子，得有許多抽屜放置方便取用的珠寶首飾，於是抽屜的多寡精粗便成為台式鏡台是否漂亮的主要判斷。

民藝店裡總不乏鏡台，這些鏡台從昔時的重重內室裡被轉手搬移至此，有時放在一張霸氣的神桌上，有時脆弱的鏡面已折損不見剩下孤零零的漂亮抽屜枱座。

鏡台的鏡子是老式水銀鏡面，塗層常因年久脫落，玻璃也易因搬運破損。奇怪的是，如果因此替換成像銳利的現代鏡面便韻味全失無有鏡台的舊時氤氳。以前人們生活講究，鏡面玻璃上會磨砂刻出明月花草，甚至有環繞橢圓鏡面的刻花磨砂，這樣典雅的老鏡子如果水銀塗層能完好保留，比任何老家具都更有懷舊氣氛。

鏡台的鏡子是老式水銀鏡面，塗層常因年久脫落，反而有種氤氳不去的舊時情調。

因為鏡台在眾家具中的「溫婉陰柔」很容易讓人心動，但同樣因為「溫婉陰柔」的要求使我很少能真正傾心，因為能符合這種要求的鏡台實在太難覓得了。這座日式風味十足的鏡台保存了極佳的老鏡面，可惜沒有磨砂的「鏡花水月」，五個抽屜的檯座造形流暢典雅，匠師精密的做工讓每個抽屜分毫不差地吻合屜斗，每次推入時都會擠出一陣氣流。昔時擁有鏡台的女子很珍惜地使用著，因此原裝的五金拉把都能完整留存，作為視覺中心的中間抽屜講究地使用白瓷雕花拉鈕，大概是唯一讓我一見傾心的鏡台了。

風獅爺

長成這種樣子的風獅爺應是閩南地區的特徵。但隨著各地區陶土用料與窯燒溫度的差異，有的色澤黝黑，有的豔橘或橙黃，質地亦有脆有潤，表面粗細滑嫩亦大不相同。獅臉常有印模而成，形制千篇一律，這兩隻則憑工匠手感捏就，飽含民間工藝的質樸野趣。

風獅爺不騎馬卻騎短胖滑稽的大嘴獅，拉弓作勢欲射，但相貌毫不凶狠，天生是小兒玩具相。我留下來的風獅爺都喜氣洋洋，憨傻可愛，最宜節慶。

這只磚胎風獅爺是從李媽媽處得來的。李媽媽年輕時在三鳳宮賣鞋，炒過股票，在高雄林園養過一大群鱷魚，也曾經歷玉市的大風大浪。她店裡的東西是南部最便宜的，林園的倉庫則堆滿各種適於尋寶的雜什，各式石臼、牛車、秤桿、罐甕、廟宇花柴與原住民木雕，價格保証便宜得驚人。

設立在大門、屋頂或村落高台等處的獅子像，可以鎮風避邪。
風獅爺有陶塑、石雕與泥塑，常安置於房屋正廳的中脊上。除了獅背坐有武士的造形外，也有單一獅子造形。
連橫《台灣通史．風俗志》記載：「屋之上或立土偶，騎馬彎弓，狀甚威猛，是為蚩尤，謂可厭勝。」

第一次到李媽媽店裡時，腦子裡對民藝收藏一片空白，根本分不清老東西與新製品的價值差別，更沒想過自己有一天會開始無比專注地收藏老物品。李媽媽從抽屜裡拿出一本簡陋單薄的影印小冊，上面載滿嘉義以南的民藝業者資料，近百家業者散布在我一輩子想都想不到的中南部鄉間。這本冊子，就是余仔一九九五年編的《南部古董民藝指南》。

有了這本教戰守則，我從此大步邁開了民藝之路，在最狂熱的時候，早上出門到半夜整車雜什家具返家，如是一週三次，許多業者都稱讚我是最勤奮的年輕人。然而，我的起步太遲了。每新認識一個民藝業者與販仔，都能聽到他們過往輝煌的事跡，也都告訴我，現在開始已經太晚了，台灣民藝的黃金時期已過，今不如昔。

那時我每週皆到李媽媽店裡報到，一待整個下午，逐漸認識了許多資深的民藝人，也從他們的口中漸漸學得了民藝的要訣，然後我便會以新學來的民藝知識出征，像個江戶時代的日本武士獨自在中南部鄉間衝州撞府。偶爾學藝不精被老販仔詬得鼻青臉腫，便回來再乖乖豎耳聆聽前輩們你一言我一語地析惑辨疑。多學一招便又興沖沖地提刀出門再戰。

有一個阿婆每天來李媽媽處交貨，她包下一輛計程車到處搜獵，總是能從各處荒廢的老宅裡掏出一麻袋又一麻袋的老照片、老契約、灶椅、檜木小菜櫥、玻璃糖罐或企業寶寶。老太太在無人居住的廢墟裡翻翻撿撿，幾乎不會有人懷疑，因此成了大家在李媽媽處引頸盼望的販仔，簡直得按照到達的順序排隊翻看阿婆麻袋裡的寶貝。老宅後來逐漸拆除凋零，阿婆找來的老物不再能支付包車的費用，彷彿一瞬間魔力退散，不再有人自動定時聚集來等待阿婆，沒多久，阿婆竟也就從眾人的眼前消失成為一則過去的傳奇。

有時輪到我貢獻所學，李媽媽約好時間後，由我駕車帶領眾人出擊，到嘉義、台南或屏東「民藝之旅」。在販仔家裡如遇鍾意之物則大家群起攻之，往往意外地能殺得極低廉的價格。過去幾年來我很認真地摸熟了南部的販仔，心裡有一幅到處插旗的「民藝地圖」，大家對這樣的出遊樂此不疲亦頗有斬獲，有一陣子簡直每月出團巡迴，其樂融融哩。

‧劍獅‧

劍獅總愛分台灣或大陸的，彷彿大陸渡海過來的就不值錢。台南因為有安平的建築傳統，有人特別愛蒐羅劍獅，尤其是台灣老劍獅。台灣民藝人口不多，只要島內有一、兩人放風聲要搜購某物，該物價格立刻喧騰炒作，眾人競相走告，一時蔚為榮景。早先安平地區某位賣蝦餅致富的老闆在南部各販仔間放出風聲，大肆搜刮台灣劍獅，風捲殘雲，亦曾讓劍獅價格水漲船高且南部各店家突然都擺出幾塊應景搶市，最後蝦餅老闆不知買了幾百塊入庫一時市面劍獅絕跡。

這塊八卦劍獅便是在台南買的，販仔勸我別買，因為這種道地的台南劍獅他在台南「很會賣」，意思是，價格可以吊得高仍有人搶著要。作生意而勸顧客不要買，大概只有民藝界才遇得到，背後原因恐怕不只是賣給別人可以更高價，或者價格已經抬高等著釣特定顧客不願傷及無辜，很可能

大陸劍獅總是特別大塊與古樸，
雕工與年代往往遠勝台灣。

民間常以獅子作為住宅的避邪物，獅子與劍的結合習稱為「獅咬劍」或「劍獅」。劍獅的材質有木雕、泥塑、磚胎、洗石子……等，裝飾在門上或牆上做為祈福或避邪防煞的符號。台南安平地區的劍獅文化保留至今最具特色。

只是想吊足顧客胃口的一計險招。

幾年來我也看了不少劍獅，大陸來的總是特別大塊與古樸，雕工與年代往往遠勝台灣。但不知怎地，就是缺少一種親切感。台灣劍獅則不易覓得年代夠久的真正老物，或許稀罕的絕品都已落入老收藏家的手裡不輕易面世了。

這塊劍獅有濃濃的礦物彩妝，憂愁的眉眼裡閃爍喜氣，一對招風小耳配上寫得有點歪斜的「王」字，很難讓人信服是個避邪與剋制沖煞的厭勝物。

獅嘴獠牙畢露地咬一把迷你七星劍，這還不夠，獅頭需頂一塊八卦，讓輻輳的卦象由「太極」二字源源發出。

將凶惡煞氣的獅咬劍高懸大門可以避邪趨吉，於是浮雕的獅首一律猙獰，齜牙咧嘴面露凶光。似乎還怕不夠惡面，臉上再刻上八卦，嘴裡再咬住利劍。然而，凶暴駭人的造形裡仍掩不住中國民間的固有喜氣。獅咬劍、風獅爺、石敢當等避邪物的工藝極致，不在其噴放的暴戾之氣，也不在威嚇之剛猛，而在於隱約其間的常民興味，一種飽含節慶喜樂的大氣。

跟風獅爺不同，獅咬劍似乎都圓睜著牛鈴般的巨眼，炯炯有神地瞪視來客。咧開的大嘴裡一律長滿了森森牙齒，毫不遮掩其敵意。然則這是一頭馴養的獸，面朝外，有點虛張聲勢地想嚇跑一切惡靈。其實受到珍愛的，卻是在窮凶惡極的眉眼間閃現的溫馴喜感。

不管怎麼生毛帶角，都難掩自生命中所深刻體會的幽默。調皮的小獅仔可真任重道遠哩。

鴉片爐

民藝漫遊不免有意外驚喜，這件生鐵鑄成的鴉片爐便是某次晃蕩的珍貴收穫。

渾圓的爐身鐫刻著一絲不苟的菊花章紋，堅硬的鑄鐵皮殼上光影浮凸，是一件迷你版的生鐵小爐，精工鑄造、適宜就手把玩的小品。抽鴉片人家的考究之物。爐膛裡仍有殘餘的凝蠟，是最後一次抽吸時遺留下來的吧。也或許還有鴉片膏液凝結，湊近嗅聞，卻只是一片空無。爐面是「新藝術」（art nouveau）風的纏枝菊花，雅緻鑄鐵托盤上三粒凸起以偏斜於軸心的位置三角鼎立，準備承托鴉片煙管。

爐子雖小，但週身遍布風口，永保爐火不滅。這是從余仔店裡得來的貼心小物。

余仔自編一書《南部古董民藝指南》，影印裝釘成薄冊封面加註「機密文件」，書裡羅列嘉義以南的民藝業者，有些還有余仔眉批「勤勞業者」

或「資深者十分認同」等等保證。他在編後感言寫道：

「民藝文物是我一生志業成與敗無關緊要而喚醒本土文物意識對收藏者有所交待才是緊要的」

余仔長得矮胖，十足粗曠的南部人卻有著與外表不符的細膩情感。他有能幹的大陸太太，上海的娘家有買賣骨董的家族淵源。這幾年庭園造景盛行，老桂花樹身價不凡，余仔四處挖植轉賣，整個人曬得更加黝黑粗礪卻樂此不疲。

年輕時余仔開計程車，認識民藝界的老前輩後隨即轉行，之後身經百戰，性格愛恨分明，眼光獨到且有梟雄性格，民藝界鮮有人不認識他。當然，二十年民藝生涯有的是恩怨是非。他是我最早認識的民藝業者之一，有幾年的時間我常常每週開車到他鄉間的店裡，心醉神往地聽他與民藝業者或老收藏家聊天，興味盎然一坐幾個小時。

從屏東交流道下來的那條省道總是荒涼而單調，路上的車輛漠然地呼嘯而過。但這一小段僻遠的鄉間幹道上卻曾麇集了七家民業骨董店，南北輻輳而出的店家更在十家以上。有很長一陣子，這條荒蕪之路在我心裡卻成為流淌著奶與蜜的豐饒之境。

余仔說：「一旦涉及民藝，就有感情在。」這是某個只剩我一人的夜晚，將近午夜的門外是整片闃黑的空無，不時有明滅閃爍的白熾車輛光柱呼嘯而過。跑了一整天已經疲倦的我仍為這句話所動容。余仔說的不是收藏迷的感情，因為這不稀奇，而且有的是濫情，他說的是販仔或民藝業者的感情。

是啊！因為深情，所以古怪。即使已經成為營生，民藝人仍不免有情，並因感情而每個人個性十足地作著生意。余仔、興仔、徐仔、昌仔、阿枝、當仔等都以他們鮮明的性格賦予民藝這條路令人動容的傳奇。民藝有情，或許這就是它讓人深深著迷之處。

在我最入迷的時候，幾次想放棄已投注十餘年生命歲月的本行跟隨余仔而去。也幾次興致勃勃地與余仔計畫以幾個月的時間遍訪南部民藝業者，重編他的《南部古董民藝指南》，為此興奮不已地反覆討論。當然，這些激情與夢想後來都未能實現，幾年轉眼逝去，余仔的店面已遷移兩次，添了個兒子。物換星移，七家骨董店齊聚一路的盛世時光也——終於飄零落幕。

然而民藝這條路，我是從余仔店裡走出來的。

堅硬的鑄鐵爐身鑴刻著一絲不苟的菊花章紋。

八音鐘與小魚盤

機械時鐘與鐵茶壺是民藝收藏裡相當專精的類別。各式鐘表（花鐘、座鐘、圓鐘、機械表……）因直接連結西洋骨董的全球市場，收藏層級可以往上攀升到數百萬元，幾十萬元的鐘只能算是基本款。鐵茶壺則有日本骨董界加持，錯金鍍銀浮雕名家落款等漂亮又稀罕的老壺亦是以萬元為級數的收藏光譜。

這個德國製的游絲八音鐘其實只是陽春的平民款式，但造形因此簡潔優雅，無多餘的浮誇矯飾。往兩邊延伸的底座沉穩大氣地托住圓形鐘面，比例飽含著靜美與質樸。

座鐘每十五分敲響，整點及半點都有令人懷念的「小學下課鐘聲」（西敏寺鐘聲），整點並加敲飽滿渾厚的鐘點。家裡有機械鐘彷如祕密豢養著一隻活物，每隔一定時刻便優雅地咚咚鳴叫，一、兩週得旋緊發條餵飽它，免得機械獸氣竭身亡。

因為機械自走，偶爾夜深時不免令人悚然。有年輕的販仔朋友勸我別買老鐘，因為他曾有一件時鐘裡「住著一對老夫婦」，夜夜跑出來煩他。

這座鐘是從謝桑處得來的。謝桑經銷品牌飲料，老收藏人眼光犀利準確。我從他家裡得來漂亮極了的醫生椅、菸草櫥、日式佛龕、普普沙發。

鐘買回來時機芯已經衰老偏斜，並不太能動。為了救它，只好送往附近老社區的鐘表師傅診斷醫

治，並耐心等待兩個月讓師傅調校康復。「一天只慢十五秒左右」，醫好老鐘後師傅這麼說。回家後把鐘的三道發條都旋緊，空間裡於是常迴盪著叮咚的鐘聲，真令人高興極了。

碗公盤子是民藝的基本主題，很容易痴迷。有人蒐羅各種台灣的吃飯碗，五十或一百只排成牆上的陣列頗為可觀；有人專收各地盤子，樸實的手繪圖樣與飽滿的舊時釉色讓人無限嚮往。亦有蒐之以主題，各種豔紅的蝦子碗盤湯匙，或慶典氣氛濃郁的囍字器皿都誘惑著人心。

從謝桑處亦獲得一件小瓷盤。平常我很少會想要買民藝人口中的「碗公盤子」，但這只小魚盤卻不同，我一看到便心裡怦怦作響，雖然完全不懂得瓷盤的價值與市場，但已深深被盤子散發的古樸氤氳所迷魅不可自拔。

盤子上手繪一尾靈動的腰子形金色小魚，鈷藍的魚鰭一筆而就卻有流水的動感。盤緣四方飾以花團，飽含生活陶的趣味。舊時器物總是在許多層面上慷慨地透露著喜感與喜氣，這只小魚盤毫不例外。這種古樸的喜氣似乎不勞說明，替小魚安上有誇張魚尾紋的大眼睛，嘴邊再撇上兩根老鼠仔鬚，任何人看了都會被當時歲月的靜好安穩所感動而在心裡蕩出笑意。

盤子不大，價格不便宜，但拿在手裡後再捨不得放回去，於是咬咬牙還是從謝桑家裡帶回來了。

小鐵獅

這隻生鐵小坐獅方嘴塌鼻，有一種古樸近乎醜怪的美，是從阿海的桌上拿回來的。

我喜歡到阿海的店，正確的說，是他租在台南鄉間單調的公路上、門外且有一小間很普通的南部檳榔西施玻璃鐵厝的骨董文玩展示小屋。

即使阿海在家，這棟水泥一樓平房亦大門深鎖，顧客進門後阿海還是會再鎖門，主客兩人關在這小屋的迷你客廳裡，開始喝茶談骨董閱歷。

我常常滿心閑靜卻期待萬分地看他從抽屜、櫥櫃或內室裡一件一件拿出精巧的案頭小物，每件文玩都安穩靜好地包裹在特製錦盒或木箱中，看著他慢條斯理地剝除小古玩的各種繫物繩結、緞面錦囊，總讓人心癢難耐，不知盒子開啟後能看到何種珍稀物件。客廳四邊的骨董櫃多寶格上亦多少擺設幾件竹雕與佛像几桌，但與阿海從抽屜或內室拿出的古物相較則成了不入眼的下品，像是電影裡骨董店的布景道具罷了。

阿海轉型經營骨董不過數年光景，更早時亦買賣民藝，曾蒐羅一整屋宗教類的高檔供桌、几桌與薦盒。然而即使是茄苳入石柳供桌這種南部民藝聖物，十多萬元便可有中上品，件件體積龐然且搬運不易，其實亦常是利潤不豐的「死豬仔價」。然而一掌盈握便數萬或數十萬的文玩小物，如漆器、牙雕或古玉，則往往行情莫測，真有能吊到客人胃口的絕件罕品，幾乎等於取得一張客人簽名的空白支票了。

有這樣的想法，阿海在幾年間便迅速崛起，由民藝業者改行骨董商。

他每週至少跑一趟北部找貨，市場景氣那幾年甚至一週兩次。曾經十幾小時內來回台北—台南兩趟，因為第一次返家後發現東西放在台北骨董店忘

了取走，而南部的高檔客人已在等他看貨，非去拿回不可，「因為已窮到全身只剩二千元」，阿海毅然調轉車頭，再上高速公路北返拿貨。

阿海對於非他重點項目的開價常有驚喜。這些零頭小項往往是某件高檔骨董買賣時順手取走的「嫁貨」附贈品，或是在某同行店裡不好空手出門的交關貨。對他而言，真正生意算計的不是幾百幾千的蠅頭小利，而是以一萬或十萬為單位的賺頭。

阿海書看得勤奮與用心，緣於骨董生涯中幾位前輩的一再叮嚀，阿海記在心裡：不用功便別玩骨董。怪的是，不碰書本的人怎能說讀就讀？原來他只看圖。書裡的圖隨時放在身邊過眼，直到各朝古物的色感、形制及特點都刻入心坎。阿海看的是形韻，且有天分。

這幾年來大陸骨董行情愈來愈火熱，做骨董生意的幾乎都被市場磁吸到中國這個更大的賭桌上全力一搏了。阿海也不例外，年前終於也在福建正式開店，並開始從台灣的人脈裡買出值錢貨色「海歸」大陸賣錢。

魁星踢斗

武將各有造形的奇趣跋扈，文官相對就無聊了，除了因字塑像的魁星。

故事裡原是個才華過人的醜男，終因「無人君之相」而仕途不遂投江。成仙後長得仍醜但有型，腳踩的鰲魚總是古樸憨鈍，像深海裡自己額前吊一小盞照路燈籠的鮟鱇魚。魁星是神有鬼相，因此不免張牙舞爪，身形突梯搞笑。考生臨試前在這樣小神前虔誠膜拜，有如法國中學生考試前不互祝順利過關，一切好話噤口只能啐一口：狗屎，然後各自走進考場。如是之況味……

這件東洋風格的魁星是許多年前在半夜裡與眾人搶標得來的。

當時網拍風氣不若現在盛行，卻較有寶物可

梧桐木佛像。道教信仰中被認為是主宰文運之神，凡參加考試者，無不尊敬。魁星其實是以「魁」字造像，為一貌似鬼之神祇，右腳踩鰲頭（象徵科舉中第），左腳踢起墨斗，手握筆，身體動感十足。

尋。這件梧桐木雕高逾九十公分，一元起標，結標前一個小時僅有人出價千餘元。我盯著螢幕上的照片反覆地觀看，決心標下這件木雕。當然，心裡是有設定預算的。

結標前二十分鐘，價格開始慢慢拉高，最後停在五千餘元處。還剩五分鐘結標，我開始出價。另一位買家跟著追價，每次價格一更動結標時間便再往後延長十分鐘。幾個回合後便飆到八千元，對方放棄出場。正當我以為得標在望時，另一買家（比我更沉的住氣？）在最後一分鐘進場下標。於是我再與第二位買家開始不斷墊高價格，結標時間一延又延。我咬著牙，神經緊繃地瞪著螢幕上的倒數計時，每當我是最高出價者時，計時器總是在最後幾十秒又撥回十分鐘重來，因為對手又擲下更高價格超越我的出價了。

結標時間已延後近一個小時，接近半夜。我按下鍵盤送出更大的數字後，眼睛便眨也不眨地盯著計時器，焦躁地等對方出手，而對方果然也毫不例外不手軟地總是再送來更高的出價，簡直令人氣結。在這寂靜深夜裡默默地一來一往彷彿高手過招，這件木雕似乎愈來愈珍貴，兩人都殺紅了眼勢在必得。我有時惱怒了，更是一次便給出墊高千元的重手，簡直一場流血競技，以每次出價多寡來比拚內力，這尊魁星的賣家看了想必樂翻了。

就在來來回回不知幾十次後，結標的計時器在我是最高出價者的狀況下跳進00:00，我大概已經滿眼血絲神經麻木了，當下竟不太意會這是什意思，隔了幾秒清醒過來整個人鬆了口氣。看了表原來已經午夜十二點多了，剛剛竟活在一種以秒計數的時間中喪失了真實感。終於結標，最後與我流血競標的那位買家雖沒買成想必也應鬆了口氣吧！

我匯出由我自己一再墊高的金額，當然，超出我原先預算的兩倍。幾天後收到了這尊拆分成魁星、鰲魚與蓮花座三部分的梧桐木雕，鰲魚下的蓮花瓣是一片片雕成纖薄的葉片再嵌入，日式工藝極精緻清雅，魁星臉相也不那麼凶神惡煞，有著小鬼頑童的調皮模樣，東倒西歪地踩著滑稽的大嘴鰲魚，肩上彩帶迎風飛舞，似乎正歡喜出巡哩。

花柴

緣於對古老工匠技藝之仰慕，對人物塑像之著迷，也對木頭滄桑之憐惜，我的民藝之路始於花柴。有很長一段時間，開車在中南部鄉間奔馳僅是為了再多找一塊窗花、插角、門片、斗拱、花籃或獅座。當然，我的花柴熱現在早已退燒。

這幾片飽凸圓胖的鏤空花柴尺寸小巧，在花柴與窗花散置的我家裡卻讓其他木雕相形失色。窗花意在鏤空，是視線阻隔與穿透的無盡嬉戲。於是有心機用盡的多層透雕，企圖以平面堆疊空間，是為「內枝外葉」。

「內枝外葉」是木雕的極高讚詞。原是一整塊木料，因刀削斧切而成化指柔。是木之屬卻腴軟如彩帶層層飄舞，如雲鬢堆雪。隱伏在空隙裡的重重人物花鳥彷彿深藏於木頭化境的奇異空間之中。

他們被封鎮於瞬間木化的結界裡，成為木頭的一部分。

如果石雕是要解放被閉鎖於石塊中的形體，這片木雕則相反，意圖再圈印出一個幻境。

這是在跳蚤市場裡尋獲的。有好幾年的週末清晨，我風雨無阻地到蚤市報到。七點前人潮不多，但都是熟客，大家每週必到，錯身而過時亦不多話，相視一笑便再各自埋首尋寶。似乎每週六不到蚤市見見這些其實不怎麼認識的人們，不翻撿一下西北角那個老頭攤上的雜什，或到民藝販仔群聚的東側一攤攤巡禮，接下來的一星期便會混身不對勁。有一段期間是大拆眷村的蚤市黃金歲月，許多字畫、木箱、家具或中國文物傾巢而出，販仔與收藏人都樂得合不攏嘴，彷彿星期六是每週最重要的一天。大家八點不到都已來回逛了幾回，喜歡的家具雜什都先付了錢暫時寄放在攤位上免得被人捷足先登。

偶爾遇到皮膚曬得黑不溜丟的余仔，他總愛嘲弄地說，七點才來已經失格囉！然而，八點半我結束每週最驚奇的尋寶之旅時，能買到的樟木箱、木雕、鐵器、陶甕等雜什還是常常塞滿一整輛小車。對一般人而言，這個時刻跳蚤市場才正要開市哩。

民藝收藏中將廟宇或民宅裡的木雕裝飾、家具的木雕構件稱為「花柴」，
通常雕刻人物、花鳥魚蟲或文房八寶等吉祥圖樣。

記得有一陣子我很喜歡生鐵製成的老工具，蚤市偶有拆船年代留下來的天霸王扳手、誇張如一個超級問號的吊勾，像一台小冰箱般的鑄鐵船燈，或各種船上古怪又尺寸必然巨大無比的器械零件。有一對老夫婦總是開著一輛載滿各種生鐵工具的鐵牛車來到蚤市，我則每週必向他們報到。他們於是替我找來不少天王級的怪家私。某日出現了一支巨無霸黃銅水龍頭，大家搶著要買，我稍晚才到卻能得到這個駭人的神物，便是老夫婦預留給我的。

這三塊閃耀黃金色澤的花柴是在蚤市的蘇仔攤上找到的。蘇仔留著灰白精短的平頭，屈蹲在一塊榻榻米大小的塑膠布上，各種玉器真假難辨地擺在他面前的地上待價而沽。已上了年紀的蘇仔將這三塊花柴胡亂塞在他的舊摩托車踏板上，從後火車站的家裡騎來擺攤。

早上七點多，蚤市的攤子仍稀稀落落。蘇仔的花柴被粗暴地斜插在水果紙箱裡，我經過時信手抽出一塊，大吃一驚。內枝外葉的戰齣人物貼滿赤金箔片，我平常從不曾留意的這位賣玉老頭竟藏有令人眩目的老木雕。蘇仔大概也感到我遮掩不住的驚喜，毫不為奇地說，這就是「蜂巢」。

木雕工法之精細、繁複與多層次媲美大自然最繁複的蜂巢結構，這真是我由販仔嘴裡聽到最美好的形容。緣於這組木雕，我因此感念如今我早已不再總是為其早起、奮力前往的跳蚤市場。而隨著台灣古厝凋零眷村拆除，大陸骨董市場活絡，現在跳蚤市場裡幾已無寶可尋。我已久不再每週早起如節慶般地奔赴蚤市。回想那段日子，真是寂寞又快樂的歲月。

閃耀黃金色澤的花柴木雕工法之精細、繁複與多層次媲美大自然最繁複的蜂巢結構。

茄苳入石柳插角

基於空間與金錢的經濟原則，收藏原應「一件頂極」，這是前輩們一再耳提面命的心訣。從興仔處獲得一組茄苳入石柳戰齣浮嵌插角之後，加上家裡原已不少的平嵌插角，本來已無意再尋覓南部人瘋迷的茄苳入石柳構件。當然，在興仔那件頂極貨色之前，想找到雕工與鑲嵌更高檔的木雕恐也非易事。直到我在阿信家裡看到這支雙層戰齣人物的橫楣，才讓我動念想買回家裡與興仔的插角組合成一個完整的ㄇ字型。

阿信的主業是鐵厝搭建，在鄉下的家裡有綿延相接的四、五大棟水泥透天厝，整個家族雞犬相聞都住在一起。他自己在一旁蓋了一間挑高的鐵厝，入口小徑曲幽，兩座翹翅飛簷的本土老石板土地公祠迎賓，進門便一張茄苳入石柳的八柱干漆紅眠床映入眼簾，對面則擺設一組茄苳入石柳的巨大神桌，桌前蟠龍浮凸猙獰，氣勢不凡。顯然阿信亦是一個鑲嵌家具迷。

專門拆廟賣花柴的鬍鬚仔對阿信曾有獨特的評語：他有買也好，沒買也行；有賣也好，沒賣也行。反正不愁吃穿，亦不很猴急心動。言下之意大家了然：他恐怕不易講價，想吊高價錢賣他也占不到便宜。

早先幾天，我跟著一群民藝業者到阿信占地遼闊的倉庫，其他人為了阿信囤積如山的木料而來，我則閑散亂逛。眾人東翻西找後便急著趕往下一站，對於阿信力邀到他家泡茶的誠意充耳不聞。臨走前我要了名片，約定幾天後自己再來。

阿信家裡的鐵厝與倉庫不太一樣。倉庫堆滿了各式斷損家具木料，有幾輛亮晶晶的漂亮鐵輪牛車還附掛珍貴的牛車牌，家裡則擺放較細緻的家具與雜項小品。

兩層鐵厝擺滿阿信的收藏，大部分是家具。我花了一些時間才逐一看完每個角落，滿眼都是台灣家具卻不知我能買什麼。後來在一張礦物彩五斗櫃上看到一組茄苳入石柳浮嵌的木雕構件，是廟宇大

木雕總是重現著名的場景，這是孔明的「空城計」，繁密的纏枝花朵襯托激烈的三國廝殺。
孔明起舞作法的城樓由一整塊石柳木雕成，非常少見。

型神桌拆下來、可組成完整ㄇ字型的三塊插角。

阿信開出不低的價格，而且只願賣ㄇ字型中間的橫楣，因為另兩塊是為了補足入口那張大神桌的缺漏部分買來的。

我拿起那塊木雕仔細端詳，長度並不長，人物開臉不似興仔賣我的有神，刀劍舞動的身體也並不靈動。會讓人特別注意的，是寬厚的茄冬板上刻滿兩排人物，整板繁複地飾滿纏枝花朵，反映著台灣特有的民間俗麗。

可買，亦可不買。我似乎亦陷入「阿信式」難題。

或許該買，因為浮嵌入石柳的插角很少見，即使偶有遇得，通常工法更粗、人物更無神、品相更差、尺寸更小，價格也不見得便宜。或許不該買，因為「一件頂極」，家裡既然已有更好的物件，何以再花錢買等級稍差者？

我與阿信閑聊交換著這些年來的民藝心得，內心卻縈繞著買或不買的交戰。最後終於買成了，差點連鐵厝外的笨重的石板土地公祠都搬回一座。

茄苳入石柳工法是傳統台南家具最具代表性的鑲嵌工藝。以淺色的石柳木鑲入深色的茄苳木中，兩種不同材質的木料造成視覺上的獨特對比，使得此工法散發華麗繁複的風格。鑲嵌工法可分為「浮嵌」與「平嵌」，本書收藏的家具構件皆為裝飾神桌下的浮嵌插角。

瓜筒

瓜筒是木造房屋裡承托梁柱的基本構件，數量因此眾多，但造形精粗與年代遠近仍有不少考究，是木造建築的華麗構件之一。瓜筒的爪子是為了扣住屋梁並撐起如華蓋的屋頂，但拆成構件後則往往顛倒過來擺設，成為爪子凌空撲抓的怪樣子。「鷹爪或鴨蹼」，《台灣大百科全書》這麼形容瓜筒的爪子，為的是緊緊地鎖住屋梁。爪子長而招搖的稱為「趖瓜筒」，起厝時必須從屋梁的一端套入慢慢推進定位，如鴨蹼鷹爪的結構簡直牢不可破地將屋頂與屋梁鎖死。拆廟時因此相當費工。

這對瓜筒是從高仔的蚤市攤子上買來的，礦物彩*色澤飽滿而有貴氣，筒底以細籐精緻束邊，裁切的尺寸恰好作為書架上的書檔。即使僅是一小件建築構件，似乎高仔都能拿出與眾不同的貨色哩。

高仔是中南部最有名的民藝業者，他的店號「一百年民藝」有不凡氣勢，所在的嘉義大路上頂盛時曾齊聚二、三十家民藝店，是僅次於彰南路的民藝大道。

對於台灣民藝，高仔的熱情無人能及。他總是如博物館導覽人般鉅細靡遺地介紹店裡的每一珍稀物件，絲毫不會不耐煩，而店裡的收藏也常是不輸博物館展覽等級的高檔貨色。不過當顧客心動詢價時，立刻就會明白高仔的外號何以叫「高壓電」，因為價格之高保證能把來客「電」得吱吱叫。

高仔店裡的東西含括了民藝的所有品項，從清代的漢體神桌、客庄刺繡到各式稀有童玩。他跑得勤快，週六日還在中南部各蚤市擺攤，彰南路亦有店面，平常鐵門拉上，聽說只要買三千元，他便可以從嘉義跑來開門迎客。

高仔喜歡蒔花弄草，我到他擺滿精緻鐵茶壺、火缽與銅茶托的蚤市攤位時，買的卻是他供養在石臼裡的秀氣一葉蓮。於是有一年夏天，家裡赭紅的磚胎豬槽裡漂著清雅的心形大綠葉，每天清晨會豎起一莖白皙皎潔的小花，過午之後小花頹萎，隔晨再開一朵。

這樣悠閑生活的興味是民藝人的幸福。

高仔亦是全省最用功的民藝業者，他不僅跑得勤快，北中南都能看到他們夫妻的足跡（民藝全盛時期全省重要販仔家裡二十四小時燈火通明，大家都不需睡覺，累乏時就在車裡瞇一小片刻再出發，有販仔夫婦連初生小娃都養在車裡一起為民藝事業全省走透透），高仔的用功是蒐羅了一切民藝出版品，包括各種展覽圖錄、專書、指南，這些圖書多是購買不易的政府出版品，否則是絕版已久市面絕跡的圖書，是資訊匱乏的民藝世界僅有的參考。高仔的店裡成了民藝文獻的重要中心，他拿出式樣稀罕的物件時常順手從書堆裡翻出相關的圖錄或說明，讓人驚訝於他對於文獻用功之深與對民藝用情之專。賣民藝絕版書因此亦是高仔的獨門生意之一，對於民藝訊息的不藏私與熱情傳布，在人人諱莫如深的民藝界裡確是極難得的異數。

高仔是極資深的業者，自然有不少奇遇。早幾年台灣人不重視老東西，他們夫婦常意外撿來高檔文物。中部地區昔時有不少豪門巨戶，沒落後許多老舊家具被後代清出不珍惜地棄置一旁，高仔曾在某著名古厝門口垃圾堆翻出一件礦物彩滿工的華美衣褲架。當時這件衣褲架被壓覆在廢棄木料下，不遠處便是焚燒垃圾的灰燼。高仔問清是不要的棄物後，太太騎摩托車讓高仔在後座扛著巨大的衣褲架，兩人一路吹著口哨歡喜載回家。

我另有一對瓜筒（右頁，小圖），平行的木雕稜線像是高空特技中輻散開來的噴射雲，從刻成如意的束腰中炸開，綻放出優美調諧的浮凸峰稜並收束於中國傳統的圓潤蝸卷之中。

瓜筒不罕見，大粒的當然值錢，這對卻是所見中最大粒的。樟木材質，台灣製造，年代佳，礦物彩色澤正典，最容易磕碰斷損的瓜爪亦保存甚佳。買回來擺在家裡像兩隻巨大的蝸牛昂首向前。

＊由天然礦物或植物所提煉的顏料，常見有貝白、鈷藍、朱紅、赤金等純淨色澤，施作在佛像或建築上常有飽滿豐富的質感與貴氣。

金煉成陶甕

「金煉成」三個字彷彿就是高貴血統的明證，因為器形端莊典雅，釉色晶瑩寶氣，在民藝物件中的地位毫不可動搖。有人親膩地稱為「金煉仔」，乍聽之下以為是他的太太。

辨識金煉成並不難，因為每粒甕上都環狀鐫印著金煉成三字，宛如正字標記。雖是商標，刷上一層歲月風霜後卻釀味純厚，望之令人沉吟不已。而金煉成陶器工廠（一九一六至一九六四）停業幾已五十年，可想而知，每顆金煉成的歷史至少都有半世紀以上。

我雖不迷古甕，如果器形漂亮也會買來儲物（大甕裝飾，小甕可以儲茶，現在成了茶人的最愛），偶爾見了稀罕的金煉成也會心動，只是價格不斐，大家簡直漫天喊價，奇貨可居。

有次見到兩顆金煉成放在地上，與農具雜什並置，老闆似不怎麼珍惜，我好奇地問怎麼回事，原

金煉成是日據時代新竹地區的窯廠，成立於大正5年（1916），生產缸、甕、盆等精美陶器，
產品烙上「金鍊成」窯名，圖紋種類眾多且具美感。窯廠關閉於1964年。

來甕有裂痕，「沖到了」。我很惋惜地拿起一顆，果然有一道細如髮絲的龜裂。陶器有裂痕通常就不值錢了，因此買水缸時販仔常拿一枚硬幣四處敲敲，證明缸體完整聲音輕脆一致。兩顆金煉成一大一小，小的有不明顯裂痕，大的則甕口明顯地崩壞一塊，露出暗紅色胎土。然而大的這顆釉色明亮貴氣，圖樣印得漂亮，器形亦較飽滿，可惜崩壞的甕口實在礙眼，雖然可以靠牆秀出完好的一面，不免每次看了心疼。於是選小的，裂痕不仔細找其實看不太出來。

陶甕一旦破口或龜裂，挑剔的藏家是不會要的。因此陶甕買賣的第一句對話往往涉及甕身有否裂損。通常一拿起有裂痕的甕，販仔便會不勝惋惜地說「這粒有沖」，以「沖」這個較中性的詞來委婉替代裂、損、碎、破等刺耳貶抑的壞字。有的裂痕細如髮絲，光線昏暗加上近視老花者眾，即使販仔悶不吭聲，也一定得再口頭確認真的無損無裂。

這種找裂的技術在買水缸時尤其重要，因為水缸大且厚重，平時又在戶外日曬雨淋，搬運時極易磕碰摔裂。陶甕有裂還能儲茶，水缸漏水養不成金魚荷花，自然不成水缸了。不過，裂損破漏的陶器自有壞器的價格，如果釉色漂亮器形優雅，空擺著不儲物仍自有美感。

一般人不見得眼尖看得出殘缺，但價格卻是完整器物的兩成不及，也就讓我有機會買了幾個令人垂涎的新竹名器金煉成。這顆金煉成尺寸稍大，因此飽滿的甕身鐫蓋漂亮的兩排大花，釉色仍是略帶乳白的灰藍，是討喜的金煉成寶藍色澤。甕口凹弧的線條有一種陶藝的精進嚴謹，尺度合宜的器型有極謙遜的優雅。

雖有瑕疵，但價格不再高不可攀，我終於還是有了幾顆金煉成。

另，有一幅日據時代的浮世繪讓人莞爾，夫婦燕好時怕動作激烈傷及珍貴的金煉成，一人急喊「小心」，另一人則默契十足地回以「金煉」，足見在日據時代金煉成就是珍貴器物。

石臼與豬槽

每個人心中不免有一幅田園夢，石臼、豬槽這種庭園石雕擺件因此大發利市，十多年前嘉義的黑皮仔總是必須不斷雇用吊車來搬移進出動輒三、四十顆的石臼，利潤豐厚且大家搶著買，一座數百坪的花園別墅裡東擱西擺便需十幾件這樣的石雕，黑皮仔「買都趕不及賣」，簡直每天開門就等著收鈔票哩。聽說第一高爾夫球場的董座早年四處蒐羅杯子造形的石臼，北部業者一車一車交貨，最後在球場入口蜿蜒排成兩列壯觀的石臼花盆，上面植滿漂亮的花草。

石臼風潮轉眼即逝，除非是驚世美品，不再有萬元以上的身價。而且石塊笨重搬運困難，許多人閃了腰傷了身，矮胖的黑皮仔後來有很長一段時間穿戴束腰復健，我瞥見他套在汗衫裡像是名模腰上的黑色馬甲時差點忍不住嗆到笑翻，石臼熱終於退燒。

石臼是昔時用來搗碎或加工食物的工具。
大型石臼用來舂米，
中、小型石臼可用來將炒熟的花生或芝麻搗碎成粉，
亦可搗碎檳榔再裹以荖葉食用。

有一陣子我亦想在小公寓裡一圓田園夢，於是積極尋覓豬槽，在台南鄉間的廢棄農舍裡買到兩件長形手鑿豬槽，原主人是當年石頭熱時買的，計畫「房屋改建時裝潢用」，但改建實在遙遙無期，時日一久熱度消退，笨重無用的豬槽石磨石臼就成令人頭疼的燙手山芋。於是賠錢只求脫手，我與神情黯然的農地主人使盡氣力將兩豬槽抬進我的小車後車箱，兩人簡直力氣脫盡地癱軟於地，本來還有一件風化漂亮的花崗岩大石磨不敢再要，告別晦氣的主人，雙手輕飄飄幾乎不聽控制地握著方向盤返家，一路上沉甸甸的後車箱底盤幾乎貼地刮擦而行。

回來後在飄著鮮綠水草的豬槽裡養了一群小金魚，石質的表面慢慢長出翠綠的小小苔蘚，一個迷你生態圈成形，內心的快樂實在不可言喻，因此著實很用心地照顧了很長一段日子。但心思不夠專注，魚群開始有浮屍，數量減少，再添入新買來的小魚，又陸續死亡，豬槽遂成為一灘噁心的綠藻死水而且開始有痙攣扭動的小孑孓，最後終於空了下來。兩塊厚重堅硬的溪埔石豬槽現在變成我的燙手山芋了，在不大的陽台上走路不小心踢到可是痛徹心腑。

買了豬槽之後輪到石臼。這顆花崗岩石臼有一顆胖凸的漂亮桃子，像一個滑稽的小逗號粘在石臼上，不知能作什麼還是買回來，有時候當成是一個笨重的大花盆植一株山蘇，也養過七彩神仙魚。時日一久終於也空置下來，只可惜自已不住鄉間，北土非吾願，就留待遙遠未來的生活。

在簸仔店裡⋯⋯

玻璃櫥

書桌、玻璃櫥、醫生椅、帳務桌、菸酒櫥、孔雀椅、各式案上小櫥小櫃，都能讓人在販仔晦暗的家裡眼睛一亮，隨即不可自拔地愛上其飽經歲月浸染的木料質地，數十載人手摩挲撫平的黯沉漆色，與從時間長河中淘洗後從容靜美的造形。

民藝家具的第一名當然是數量眾多的菜櫥。昔時廚房防蟑螂老鼠螞蟻沾染食物的基本設備。但菜櫥造形多笨拙呆板，尺寸則方正規矩殊少變化。民藝迷禁不起誘惑，家中不免擱一、兩座菜櫥，但不放置剩菜（已有冰箱代勞），頂多收納餐具，更多堆放雜什閑物。我因此從不愛菜櫥。

菜櫥也大抵賤價，尋常檜木材質有一、二千元便可買得，五千以上已是中間敞開的飯斗菜櫥，音響迷愛買回家裡擺放喇叭器材，萬元則必然是清朝以上的開門式樟木或肖楠大菜櫥了。

真正讓許多人晨昏想念的，是生意場所裡展示商品的𥴊仔店櫥。這種櫥子有通體澄澈的玻璃大拉門，如果是門口鎮店的櫥櫃，更是四面通透，甚至有如雙子星大樓般豎起雙筒的玻璃櫃，方便顧客環繞觀賞櫃中商品。

𥴊仔店櫥是商家基本設備，但漂亮細緻者並不多見。尋常貨色只勉強算是裝上拉門的玻璃木架，考究一點則在櫃頂添上日式凸簷，並將高大的櫃身由兩層組合而成。最頂極者以幾何圖案嵌入骨架，整座櫃子噴吐華美卻簡約的視覺效果。

𥴊仔店櫥的年代頂多日據，算不上歷史重器，在紅黑家具當家的年代裡，老民藝人對這種裝上玻璃拉門的生意櫥櫃簡直不屑一顧，只有不透光的厚重菜櫥、書櫥或布櫥才夠水準，最好還能多少沾點礦物彩，因為「紅水，黑大扮」，礦物彩的紅色漂亮，黑色大氣，是頂極民藝物件的尊貴色澤。但老櫥櫃使用不便，一、兩件擺在家裡固然氣勢不凡，只是這類櫃子通常櫃身極深，不僅收納不易，時日一久更是記不得擺進了什麼。而且礦物彩固然貴氣，也易流於俗豔，甚至鬼氣森森，這是老家具的

籤仔店櫥是商家基本設備，但漂亮細緻者並不多見。我不曾著迷菜櫥，對於籤仔店櫥卻一座座搬回家裡。

品與病。

簳仔店櫥是生意場所的必備陳設，尺寸通常較家用家具大且數量較少，因此雖然通體玻璃，價格卻是萬元起跳，不是買慣五斗櫃、菜櫥的初入門者可以下手。

我不曾著迷菜櫥，對於簳仔店櫥卻一座座搬回家裡。漂亮的櫥子並不多見，民藝店裡總不乏買家注文尋覓。通常可以拆分為上下櫃，櫃頂飾以凸簷，骨架鑲嵌幾何細木壓紋者是夢幻逸品。

幾年來尋尋覓覓，總算找來了幾座簳仔店櫥。第一次看到這座玻璃大櫃時，正值簳仔店櫥大賣的美好年代。輿仔店裡貼牆立著三座氣派十足的檜木大櫃，裡面陳列的是價格令人咋舌的礦物彩杉木香筒，件件都以誘人的色澤與質地在玻璃窗後閃閃發亮。當時我初入門，正貪戀四處可見的花柴、木雕，幾千元便可把我的小車塞滿返家。對於家具並不怎麼感興趣，只懂得有五斗櫃，其餘簡直視而不見。但是看見輿仔這座大櫃那天，我仍然被一股

這座大櫃的色澤誘人，櫃身可上下分離，底座的七個抽屜比例精巧……初見霎時，我便被它所散發出的王者氣息震攝不已。

靈光震懾。加長的櫃身以四十五度角的邊門切入牆面，骨架雖無嵌花，但色澤誘人，反見大氣。可上下分離的櫃身，底座的七個抽屜比例精巧可愛，上下三組的軌道拉門都各有三片，左右滑拉順暢，簡直是民藝家具的極品。

我知道我買不起興仔這座散發王者氣息的大櫃，隨口詢價仍不免被答案嚇壞。

許多年後，我有了些民藝歷練，也較常到興仔店裡，有天竟然見到這座帝王之櫃神蹟式地重現店裡。這次我已懂得櫃子的價值，但興仔的開價仍高不可攀。加長型的櫃身也不是蝸居的小小公寓可以承受。有這些充分的理由護身，於是堅忍頑抗，在興仔店裡斂氣凝神唯恐造次；但去幾次之後仍不免心旌搖曳兵敗如山。櫃身太長，怕家裡塞不進？沒關係，可以放在辦公室。價格太貴買不起？那就殺價囉！

於是開始徹夜想念這個大櫃，竟爾失眠。終於雇了三．五噸卡車載回櫃子，與司機、臨時電召的友人顫巍巍地從樓梯搬上五樓。隔天雙手痠疼殘廢竟日。

從第一次相遇後，這座大櫃三度易手，在勤奮的興仔手裡三進三出，櫃子平添幾歲風霜後終於安穩地停駐我家。這是我最長的一座家具。

另一座簸仔店櫥則是我最高的家具，也讓我見識了日據家具的細緻之美。櫃身由三層組合，輔以傳統軌道拉門，橫直骨架嵌以不同的幾何紋路，交接處則飾以大小迥異的菱形圖案。整座大櫃保持干漆本色，嵌入的章紋因歲月久遠間有剝落，傷殘細微，無損貴氣。

家裡還有另外幾座簸仔店櫥，其中之一有比例勻稱的櫃身，可惜販仔退漆卻未退盡，少了干漆的古老色澤，遠看倒有朱漆的色感。

簸仔店櫥裡常附有檜木板製成的階梯展示架，方便前後錯落地展示物品，增加櫃子裡的空間層次。這座櫃子裡亦有兩組，適宜擺放各種雜項小物。當然，這是台灣老家具中作為書架的上上之選。

每座簸仔店櫥的形制都不太一樣，因為昔時家具來自工匠手作，並不真有固定的標準與規格。老櫥櫃因此件件有趣，幾乎都是專門訂製，因應不同客戶的需求常有工匠巧思的驚喜。另有一件籤仔店櫥不知當初的主人為了何種用途而作，六只抽屜深且廣，實在不怎麼實用。老家具即使不是衣櫥，亦常有深廣的抽屜，對於習慣使用現代家具的人而言，往往不知怎麼安置在廣闊空間裡撒歡亂跑的各式收納小物。這座檜木櫃子被去漆後重塗上一層薄漆。格子拉門與櫃頂的凸簷使得這座籤仔店櫥日據性格十足。這是我的第一座籤仔店櫥，當時有初入民藝世界的歡喜，櫃子載來後當晚興奮得睡不著覺，摸摸弄弄直到三更半夜。

菸酒櫥

菸酒櫥是日據玻璃櫥的王者，數量稀少且造形自成一格，十餘萬的身價所在多有。

菸酒櫥是籤仔店擺放在門口第一線的商品櫃，往往是作為門面的鎮店家具，裡面擺滿著高價的菸酒奢侈品，是每一間夠水準籤仔店最重要的櫥窗擺飾。因此菸酒櫥的造形需飽富通透奢華的明亮感受，又得穩重氣派足以區隔商店內外。

最頂極菸酒櫥的造形如同吉隆坡的摩天大樓「雙峰塔」，兩座挺拔的筒狀玻璃櫃從底座抽高，有的在半空中相連，形成晶瑩華麗四面透光的玻璃巨塔，裡面可以展示公賣局各種造形的瓷瓶烈酒，在百貨公司還未誕生的年代裡，這種櫥窗效果必然讓人對展示其中的商品垂涎不已哩。這是收藏籤仔店系列與公賣局菸酒的民藝人夢中情人第一名，甚至有人很內行地告訴我，這種菸酒櫥據聞是建造台灣總督府的日本工程師（有兩位，長野宇平治和森山松之助）順手設計的，因為那雙塔的感覺實在就是現在總統府中央塔樓那款。

還真會唬爛！

但雙筒菸酒櫥實在迷人，魅力無人可擋，是民藝玻璃櫥的王者風範。

另一種菸酒櫥也有可觀，由兩或三座高低玻璃筒身組合而成，商品置放其中錯落有致充滿變化，沿著櫥櫃走一圈有令人驚喜的獨特視覺效果。

菸酒櫥的另一個考究處在底座。因為是籤仔店對外的第一排家具，底座不免面對街道上雨水泥土的噴濺沾染，於是貼上容易清理洗刷的白色瓷磚，底座遂可以水洗常保清潔。這樣貼滿細白瓷磚的優雅底座搭配晶瑩剔透的上層玻璃塔可是昔時的大奢華呢。

菸酒櫥以它獨特的家具地理學條件成為台灣家具中木料（通常是檜木）與瓷磚（通常是白瓷磚）共構的優雅組合。除了偶見的瓷磚鑲嵌家具——好比椅面嵌入日據時代花式瓷磚的方凳或孔雀椅，菸酒櫥是唯一以木、瓷兩種異類材質合構卻又不會有視覺不協調的台灣經典家具。

白瓷磚底座有兩種形式，古早年代的是木櫃外貼瓷磚，因此雖然厚重仍可搬動，另一種則直接以水泥磚石砌出再貼瓷磚。後者常見卻苦於搬遷不易，有的販仔大費周章地沿著水泥邊緣敲鑿，想分離底座與地面，但只要一不小心就可能前功盡棄，因此水泥地底座的菸酒櫥如果能完整保留瓷磚亦相當難得。只是水泥塊實在笨重，搬運時不免叫苦不迭。因為水泥底座拆遷不易，做工精細的雙筒玻璃櫥常常孤零零地出現在民藝店裡，可能底座是水泥構成，販仔再怎麼神通廣大亦無法同時運走，總不能拆了人家的店吧。鄉間籤仔店門口有時可見到這種貼白瓷磚的水泥台座，只是上面的玻璃櫥通常已不見踪影，有生意頭腦的店家會放一台剉冰機改賣台灣夏天最受歡迎的冰品。但鐵製剉冰機亦相當搶手，各種懷舊餐廳不買不行必備一台，所以檯座上如有剉冰機幾年後也會再被買走，底座終於淪為堆滿雜物垃圾的沒用擋路水泥塊，籤仔店裡如果還有人居住營業，這塊底座終有一天會被敲碎移除從這

個世界消失，空留下已不知輾轉流落到何處的玻璃上櫃與民藝人的喟嘆：唉，如果有底座多好……

最常見的菸酒櫥當然是上下皆是木造且形體規矩方正沒什麼雙塔或高低造形亦無貼瓷磚者。這樣的菸酒櫥如果年代悠遠，做工精細且有鏤空木雕加持亦價格不斐。

菸酒櫥的玻璃筒上緣常有「菸酒櫥」或「福祿壽」等木雕鏤空連枝花卉圖樣，這是菸酒櫥極特殊的標誌：在自己身上標示著「注意，我是菸酒櫥！」像是以前海軍會在巡洋艦上以大字英文標明Cruiser（巡洋艦）一樣幽默。當然，在廣告還沒鋪天蓋地無所不在的古早時代裡，菸酒櫥已經是必須刻上名稱以示與眾不同的家具（可能也是唯一會標明自身名稱的家具），可見其所具有的不凡地位。

菸酒櫥是民藝家具的貴族之一，也是𥴊仔店收藏人的夢幻逸品。但我一直不喜歡這種炫耀功能極強的展示玻璃櫃，很少投緣加上價格極高，因此毫不動心。這麼多年下來唯一看對眼的只有這座菸酒櫥。

沒有噴吐華麗妖氣的雙塔造形，也沒有鏤空木雕的矯飾，這座菸酒櫥簡單地由兩座玻璃筒身構成主體，高低錯落的雙筒比例協調地相互搭配，造形內斂典雅。毫不妥協的木工細木工法在每個轉角與接合處做出秀氣的起線與墨繪，每一立面都自有層巒起伏的風景。較高的玻璃筒身頂端有往外斜張的多層次日式凸簷，比例亦勻稱大氣。可惜最上層的玻璃內畫年久消蝕，只有看不出原來花紋的殘存顏料。較低的玻璃筒身頂端是一片玻璃，方便顧客由上往下觀賞陳列品。整座櫥櫃由三部分組合，可以拆開分別搬運，嵌合處有當年匠師所設計的漂亮接合木構，至今仍能密實吻合。

白瓷磚底座雖年久而雜有髮絲裂紋，但每塊瓷磚都原封保留，連轉角處最易磕碰脫落的L形瓷磚亦神蹟式地完好如初，簡直是老天的恩寵。

整體家具所具備的原裝色感是這座菸酒櫥令人神魂顛倒的另一原因。木質筒身的醇厚色澤簡直是日據家具洋干漆的原味覺醒！這是五十年以上完好髹漆所加持的絕對感受，如果不是原來的主人細心與珍惜的使用，任何後來的補綴修復都只會減損這種歷史註記的神聖光澤。

這座菸酒櫥在老收藏人家裡靜置二十年後重現世上。出門在外遇上這種神物，即使價格說出來能驚到囝仔半暝啼哭，民藝人恐怕只能準備引頸就戮，跟販仔或店家展開即使荷包注定將失血暈厥也誓言戰至最後一兵一卒的聖戰囉。

整座櫥櫃由3部分組合，可以拆開分別搬運，嵌合處有當年匠師所設計的漂亮接合木構，至今仍能密實吻合。

較高的玻璃筒身頂端有往外斜張的多層次日式凸簷，比例亦勻稱大氣。

掌櫃桌與米櫃

掌櫃桌是昔時生意場所頭家坐鎮收錢的重要家具，通常得是生意興隆的中藥鋪、布莊或簳仔店才能擺上一張氣派霸氣的大桌。這樣的桌子必是眾人目光的焦點，自然索價不菲。這張掌櫃桌（頁八七，上圖）有簳仔店味，原漆原味幾無壞損，四周雖無雕刻墨繪，但工藝仔細，主要支柱與桌沿都貼上細緻的木工起線。唯一的缺點是桌板不厚，但這是簳仔店的小本經營本色。

掌櫃桌來自徐仔，認識他的過程很偶然。

收藏台灣老家具的人鮮有不買菜櫥的，但多年來我對於台灣菜櫥的舉目可見實在厭煩，特別是各類懷舊餐廳總是將菜櫥視為象徵，我因此從不曾動心，事實上，好看的菜櫥也的確不多。這幾年菜櫥突然也漸漸稀少起來，價格明顯提高，特別是中間敞開的飯斗菜櫥。於是我有點動搖了，雖然現在才想要買已有點遲，但收藏老家具也急不得，只能

米店儲米的米櫃，使用時得掀開厚重的蓋板，然後以米斗舀取客人購買的米量。

隨遇而安。於是很偶然的，我買了一座中國的福杉大菜櫥，體例形制完全不是台式的，或許因此討我喜歡。但體積之大已遠非我那五門福特可以載得回來。當然，過去狂熱時我曾多次將紅眠床架上轎車車頂一路疾駛高速公路返家。賣我菜櫥的Miss陳阿沙力地要找人幫我載到六十公里外的家裡，於是一個星期後，我見到了徐仔。

一個身材矮小相貌溫和的歐里桑，開著破舊的小卡車沿省道載來我的菜櫥，兩個人手忙腳亂地將大菜櫥拖曳進電梯，再搬進屋裡。

老人神情輕鬆，我原以為是偶幫Miss陳兼差打雜的搬運工，交談幾句後我卻意識到老人見識不凡，高雄郊區還存放著各式老家具。我腦子裡靈光一閃，他該不會就是我問了許多人都不知所以的徐仔？一問之下，果然是徐仔！

兩天後我專程趕往台南山區的徐仔家裡，山路彎了又彎才到達他荒蕪空曠的黃土農場，有一座鐵皮倉庫與散亂的簡易屋舍，養喜歡狂吠亂叫的黑狗數隻。倉庫四面無牆，覆以透明篷布，進門一看，一座黝黑厚實的米櫃立即映入眼簾，尺寸不大，黑心石材質並有漂亮的鑄鐵花鎖，當下便問價格。

入骨董店見喜歡之物便露喜色當然是大忌，更遑論立即詢價。然而徐仔出價不貴，我見他不貪於是也不殺價，在走入倉庫不到一分鐘便照價買下這座米櫃。我在一週前才買了一座簸仔店風格的檜木大掌櫃桌，這是徐仔在我家裡時唯一多看了幾眼的家具。我買了徐仔的米櫃後，他告訴我，那個檜木桌也是從他倉庫出去的。

被人多賺了一手，雖然不多，仍讓我臉紅。

徐仔簡易的鐵皮屋裡放置了不少漂亮的台灣家具，有皮殼烏黑發亮古意盎然每個抽屜都刻滿藥名的中藥櫥，洋式風格雕工及嵌工繁複的巴洛克大梳妝鏡檯，日據時代醫生館的各式工具櫃，令所有人垂涎的茄冬入石柳神龕及神桌，數十萬一頂的朱漆台灣客庄紅眠床等等。

這個深藏在山野裡的不起眼農舍真讓我大開眼界。

掌櫃桌

第一次看到這張大掌櫃桌時便覺得形制特別，檜木木料有人手長期摩娑的油亮皮殼，加上難得還保留著的干漆本色，原味色澤質樸誘人。這張大桌來自竹仔的民藝店。

民藝事業經營不易，偶得珍稀物件得售高價，不免輕忽此容易財，因此大起大落者不乏其人。竹仔的店雖幾經搬遷，卻一開近三十年，是高雄地區最老字號的民藝店家。我常開車呼嘯馳過他在市中心的店面，卻一直不曾動念進門。原因是人們說他已淡出民藝界專心賣茶，且他在業界的前輩身分也讓我裹足不前。

某日到興仔店裡時，有一對木雕燭台沉靜地立於角落桌櫃上，石柳木精工刻成的蟠龍神韻靈動地蜷繞朱紅的燭管，龍尾處則繁花盛開地簇擁著無數細小圓雕人物，個個精神飽滿開臉不俗，神氣活現又充滿個性，像是圍繞著神龍歡快跳舞的慶典人群。興仔開出接近七位數的恐怖價格，不無願者上鉤地任這對燭台在他店裡散放王者之氣。

一個月後再到興仔店裡時燭台已不見踪影，但我已從不同人口中約略知道燭台的身世，原來，燭台早在竹仔店裡以整七位數的價格有一長段日子了。擁有這對燭台不是我能想像的事，但竹仔曾有這對燭台卻讓我興起去拜訪他的念頭。

於是，在竹仔店裡我看到了這張檜木掌櫃桌（左頁，下圖）。竹仔在寬闊的桌面上擺放數尊大型的青銅仿秦始皇兵馬俑，人俑或蹲或站地攫取整家店面的視線，檜木大桌被人俑踩在腳下成為不惹人注目的配角。

大桌來自南部一家百年布莊，布莊的巨形玻璃櫥用料粗壯紮實，也一起進入竹仔店裡陳列張牙舞爪的大尊佛像。竹仔認為這是清朝體的台灣桌子，材質是檜木則意味著年代晚於阿里山鐵路通車之日，而此桌造形不類一般後期的帳務桌，推斷是日據初期的家具。因此開價不低，我只能前後上下摸摸看看，無法下決心開始講價。

有的掌櫃桌還挖了
投錢孔，方便收錢。

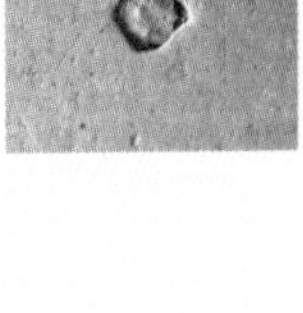

明治43年(1910)，日本國會通過「阿里山森林開發官營案」，決定由官方興建並管理阿里山鐵路，大正3年（1914）全線通車，阿里山上珍貴的檜木得以源源運送下山，從此展開台灣家具的檜木時代。因此現存的檜木老家具大部分應不早於1914年。

竹仔本人比想像中年輕與溫和，他在店裡聽著中國古樂，點越南陳香泡八年的老普洱。店開在市中心大路上，店裡時光卻悠緩靜謐。

一個月後我再到竹仔店裡時，身上已帶著錢專為大桌而來。

竹仔的店裡彷彿時間靜止一般，檜木大桌仍沉穩地被黝黑青銅大俑壓著，不曾移動絲毫。講價開始，竹仔沒多久便說出他的本錢並攤開他的帳簿。從這一刻起，價格很明白地便已經鎖死。桌子是一年前買的，竹仔來回講了幾個月的價才終於從同行手裡買下來。現在只添一點價出讓，算是為店面「換新」。

價位仍然不低，但已進入我動身前的預算範圍。

成交！隔天一早我請來一台小發財車載走這張大桌，留下店裡滿室凌亂的巨大銅俑。

如今我有三張大掌櫃桌各據家中不同房裡，竹仔的這張有最奢華的大氣，掌櫃桌成了我與竹仔交往的回憶。

・錢櫃・

與老販仔閑聊時，我會提出很想找某種台灣家具（簸仔店櫥、菸酒櫥、書櫃、雜什擔……），老販仔便會告訴我，某地點還有一件，但十幾年來他一直買不出來，每次經過該地，他就會再去看看那個屋主，說不定老先生會改變心意。「不然，現在我帶你去看看。」於是我們立刻上車，左彎右拐地奔馳於南部鄉間小路，直抵那棟對我還是一團抽象迷霧的老宅。

因為提到錢櫃，於是我與他便驅車到了一棟民居，居然真的搬出一座周身黝黑、底座捲螺紋的大櫃。

深藏一座錢櫃的老屋離老販仔家裡不遠，其實就在同一村子裡。敗落的屋子很不起眼，雖在小村兩條主街的交口，但不透光的中堂陰暗而凌亂；纏崇著一股荒敗的老人氣息。

停好車後，老販仔回頭叫我拿著手電筒，穿過無人的中堂時指指堆滿雜物紙箱的角落，於是我看到了半小時前他描繪的錢櫃，隱身在老屋無法穿透的黑暗中，散發著獨特的靈光。突然間，這棟老舊的土角厝因蹲踞著這個厚實的櫃子而像漣漪般在我心裡蕩出整個清晰的形象。

一對老夫妻正在後面灶間吃飯，老先生坐在長椅凳上，就著一張方正的吃飯桌夾菜，老太太則在磚砌的大灶前清洗鍋具。陽光從天窗灑落在各種老式器物上，菜櫥上的綠色紗窗外露，篩出一層強光的薄霧。好安靜，連電視響聲都沒有，我感到時光有點錯亂。

毫不意外地，老先生捨不得賣他的錢櫃。販仔邊拿手電筒四處翻看，邊加碼價錢。終於，老太太開始搬開堆放的雜什要讓我們仔細看看櫃子，「木料很好，不蛀不壞」，話不多的老先生突然開口。

厚重沉手的櫃板掀開後，福杉底板已有些微蛀蝕，寬闊的櫃裡堆放著老先生開五金行時放入的尖嘴鉗、十幾盒鐵釘，馬達皮帶等，至少二十年不曾有人碰觸。

老先生仍不願鬆口，連一支從櫃內翻出的老尖

生意興隆的店家便會定製巨大厚重的錢櫃，放在店裡氣派又可防人順手牽羊。
這張由龍眼木厚板製成的錢櫃長度超過一米八，比我想像的重太多了。

嘴鉗，他都不捨得賣。「這由我來處理就好」，老販仔轉頭對我說完，從口袋掏出一疊大鈔，加碼了近一倍價格後塞入老先生手裡。

老先生嘟囔著，但手裡確實拿緊錢了。終於成交，我心裡暗暗鬆了口氣。

錢櫃由龍眼木厚板製成，長度超過一米八，比我想像的重太多了。錢櫃周身沾粘著陳年的蛛網灰塵，有一種因被世人長久遺忘所積累的無名髒汙，我與年邁的販仔東搖西晃地搬上小發財車後，總算讓這座黑亮厚實的大錢櫃重見天日，讓販仔載回家裡進一步清洗整理。途中等紅燈時，兩位年輕人走過疑惑地問「這是棺材嗎？」

老販仔與我經過這番折騰，簡直累壞了。

小木櫃

有玻璃拉門的小檜木櫃很討人歡喜，價格因此不斐。這樣的小家具必須搭配著五斗櫃或掌櫃桌，因為稀少且造形小巧，更有家具的趣味。小櫃子造形素樸卻通常具備民藝家具的基本元素：干漆、檜木、凸簷、玻璃拉門、抽屜……幾乎是一個標準器或樣本，但尺寸迷你，讓人聯想起榻榻米的家具。

日據櫃子因有玻璃拉門而典雅通透，奇怪的是，現代的鐵櫃或組合櫃即便廣泛使用玻璃卻靈光退散，不易有古老木造家具配上老玻璃的澄澈光暈。或許這就是機械複製時代的哀愁。手工器物歷盡時光所擁有的蒼老靈魂，遠非機器量產的死物所可比擬。每件老家具所必然擁有的獨特性，銘刻於其血肉的「物質性時延」，正是每一件手工器物所不可剝奪的本真性。

老物的hic et nunc（此時此地）無可取代，這是迷人之處。

小巧迷你剃頭櫥，擺放收藏著刀剪夾梳等各式理髮器具。做工精細，櫃頂漂亮的凸簷說明了日據時代的傳承。

家裡留了好幾件小檜木櫃子，尺寸迷你但做工精細。是舊時候各種師傅放置工具的儲藏櫃。最常見的，是剃頭櫥子，一律小巧迷你，玻璃門打開後層板間隔，毫不馬虎，因為是儲藏刀剪夾梳等各式理髮器具或其他謀生家私的專門櫥櫃。這個剃頭櫥子（頁九一，圖中最高者）由檜木與福杉構成，樸實的木頭質感噴吐出台灣民藝器物的濃烈感情。日據風格的凸簷豐富了方正的造形，門板上一絲不苟地安置著鎖頭。原應是玻璃的櫃門被改裝了杉木板，反而讓櫃子盈溢老時代的獨特手感。

另有一個剃頭櫥（頁九一，最小者）做工考究細膩，小小的櫃頂還有我最喜愛的日式凸簷，濃厚的日據風格，但卻未有過分的東洋味。立面多處起線，配上精緻的回紋銅件，櫃腳外放的弧線有內縮線板收束，原漆原味，古色十足。

買這個櫃子的那陣子很巧合地覓得幾座剃頭櫥，一律精巧，木製小櫃的造形各異。開車經過台南鄉下一間老理髮店時，也瞄得磚房裡一件檜木小櫃，櫃中井然儲滿各式白鐵剪具。老師傅用得順

最上層的抽屜深而方正，現代家具幾已看不到這種比例了。

手，不願意出讓這個日據櫃子。我每次經過便去摸摸看看，時光一晃竟已五、六年。理髮店繼續營業中……

販仔S知道我喜歡小尺寸的櫥櫃，總說著要去買一座產婆的櫥子回來給我。當然，對方不見得肯賣。我沒看過產婆，更別提這種古老行業專屬的工具櫃。腦海裡於是浮現一件血跡暗沉髒不溜丟刷上白色油漆的破爛箱子。

某日S電，他已從年老的產婆家裡成交回來了。我於是立刻跑出門看這件櫥子。尺寸果然迷你，S刷洗去漆後重新喚出了檜木材質的沉靜。兩扇小玻璃門比例細緻，檜木家具卻有陰柔之美。產婆櫥倚牆而立，玻璃三面透光加上兩口深而窄的抽屜。當然，這不是商業氣息濃厚的𥴊仔店菸草櫥所可比擬。

干漆的櫃子有年歲的潤澤，總是徐徐噴吐著美好年代的記憶。這種檜木的質地與色感是怎麼都仿製不來的貴氣，因為歲月無法偽裝、造假，不似生冷顏料的毫無情感。

有人說這是放在榻榻米上的茶具櫥（右圖），但櫃子造形實在特殊，連興仔也無法斷言，亦有推測是生意場所裡放在帳務桌上的營生小櫃。櫃子的拉環鎖頭雖不精緻，卻是原件，原來的主人應該很珍惜的使用著。最上層的抽屜深而方正，現代家具幾已看不到這種比例了。許是某人特別訂作的，才有這般獨特的客製化造形。

有抽屜的小木櫃總討人歡喜，如果再加上日據時代的凸簷，就像這件櫃子般，大概很少有人能夠抗拒哩。可惜現代生活裡已看不到這種迷你尺寸的家具，而且現代人講求家具的收納功能，裝潢時採用的系統櫥櫃往往抽屜眾多占滿一整面牆。這樣的小櫥櫃能反映台灣過去生活的清簡單純不貪心浪費，櫃子雖小，夠用就好。

雜什擔

雜什擔一直是好幾路人馬所高度覬覦獵捕的對象，走簸仔店路線的對於這種肩挑或跨載於腳踏車後座的行動簸仔店必然垂涎不已，開懷舊餐廳的如果能有一台搭配富士覇王腳踏車的雜什擔簡直比百萬裝潢還讓人羨豔，家具迷更不用說，這是非得在家裡顯眼處擺一座不可的基本款，最好擔子裡還能買齊各種粉盒、藥包、金油等古早小配件。

但雜什擔其實不多，沿街叫賣針線雜貨，賣豆花涼粉，賣米漿早點等行業全加起來且能留存至今，真如鳳毛麟角了。東西稀少，擁有的人捨不得脫手或價格高不可攀。想要有一座雜什擔真不容易呀。

這幾年來東奔西跑總算也陸續有了兩座，雖不怎麼開門上相，也只能自我安慰聊勝於無。

當然，更多的是沒買到、不想買或買不起的擔子。

有業者買來ㄇ字型的腳踏車擔，另外搜集來各式古舊藥包粉盒雜什作為附加價值，想一起賣個好價錢；亦有人買來腳踏車擔後，再找一台老式腳踏車配成一組，腳踏車牌、車燈、車架一應俱全，隨地一放便有濃濃的懷舊風味。

雜什擔或腳踏車擔因長年在外風吹日曬雨淋，品相漆色通常不佳，如果原主人不珍惜使用更容易破損補綴，常有被主人加工修補至不忍卒睹者。楊小姐曾找來一座巨無覇腳踏車櫥品相如新，因為貪心的擔頭主人訂製了超大的櫥子想裝入更多商品，結果最後腳踏車載不動這座客製化大櫥子，只好閑置家裡從不曾出任務。雜什擔原是單人的原始營生，因此能穿街走巷，不該妄想把活動迷你柑仔店變成百貨公司。這座巨大卻載不出門的腳踏車櫥真是令人哭笑不得的民藝寓言。

雜什擔不管是肩挑或車載因為空間寶貴，常有複雜具巧思的抽屜或門片，擔子因為小巧，拉環與鎖頭亦迷你不同於尋常家裡所用，這是雜什擔的工藝趣味。載著這麼有個人風格的生財工具沿街叫賣，應著顧客的不同要求而翻啟各種小屜小門取出貨品，想必有職人的獨特驕傲哪！

這座檜木雜什擔是掛在扁擔兩端的其中一座，用來儲放碗盤、雜貨或小吃食材，扁擔另一端可能是蒸騰美味讓所有小孩口水直流甜滋滋的一大鍋鮮嫩豆腐腦。舊化的干漆色澤豐潤，造形素樸無華整體保存良好，可惜的是原來應纏繞擔子的鐵絲懸繩已拆除不見。

這樣的玻璃小櫃現在適宜放置各式茶具，煮茶時從透明的櫃子裡取出各種陶杯，就著古時的雜什擔啜一口清茶，這是民藝人的幸福。

老招牌

商業老招牌至今一直炙手可熱，琳琅滿目的鐵牌曾是走入民藝店家令人眼花撩亂的空中風景，紅色或黑色的黑松汽水鐵牌、不同年代的公賣局白色菸酒專賣吊牌，仁丹、中將湯、七星汽水、不二家……系譜之多種類之繁簡直用再多的時間與金錢來蒐集都不夠。

舊時籤仔店門口多少都會吊掛幾面這種鐵牌以廣招來客，愈老資格的店家當然愈多，這是對籤仔店最溫馨的共同回憶之一。有聰明的販仔進入村子後便宣稱公司要剪回鐵牌，回收價格五十元一塊，於是整村子便口耳相傳轟隆隆地動員起來，各式鐵牌一夕間便被劫掠一空，還有歐巴桑怕領不到錢，等不及販仔來剪，乾脆自已動手，連收存在家裡幾十年的絕版老鐵牌都趕緊拿出來換錢以免「跟不上車班」。販仔走後的村子清潔溜溜，鐵牌滅絕，謝謝收看。余仔說極盛時期，販仔的小發財車上近百張公賣局鐵牌可以排成好幾列，一片一百元，大家還只願意挑品相完美無掉漆磕損的美品。

幾年不到，這樣的情景已成為神話。

我沒有迷過鐵牌不知箇中甘苦，但總覺得一片上漆印刷的薄鉛板動輒數千甚至上萬實在不值，因此從來沒有買過。

鐵牌與企業寶寶都是由機器大量生產的商品，其民藝價值主要來自所具有的年代象徵（主要是六、七〇年代）與文獻意義，而且象徵意義遠高於文獻意義。它們挑起了對台灣舊時籤仔店的濃濃鄉愁，比起木雕或家具所不可或缺的匠師手藝及材質貴賤，鐵牌的價值幾乎僅來自其所能夠再現的昔時歲月。然而，這不就是痴迷老東西的民藝人最心動的理由嗎？鐵牌不需上好材質，不需高明的工匠，而僅僅代表某一懷舊年代，與其氛圍，就這個意義來說，鐵牌其實比一切骨董家具或文玩更是純粹的民藝收藏品，它們單純地收藏彌封了逝去的時光。

除了鐵牌外，木招牌通常是年代更久遠的收藏逸品。如果製造鐵牌的廠商亦有木牌，則不僅數

旺相堂

量稀少市場罕見，價格更是令人咋舌。比如日本仁丹，這種以二撇翹鬍子日本軍閥（或外交官？）為主要構圖的大型木製招牌簡直是每個鐵牌收藏人的夢中極品。但木牌造假比鐵牌不易辨識，有販仔以舊匾額仿造仁丹木牌，連某一老前輩都被矇混上了當，事後只好厚著臉皮地要求退貨還款，大概仁丹木牌實在太令民藝人臉紅心跳意亂情迷了。

在大陸骨董還大量進口的時代裡亦常見中國商家的招牌，很多是清代的酒家、當鋪、餅店或布莊的朱漆浮雕厚木板，配上黃銅或鑄鐵的吊環與裝飾，很有古裝電影裡的味道。這些年代悠久的木招牌現在如同台灣的鐵牌一樣，幾乎消失無蹤，很難再遇上了。

這塊「旺相堂」木牌來自Joyce，她解釋是測字算命館的招牌，樣子普通，名字不錯，於是也就成為我很少數的招牌之一。

玻璃糖罐與花瓶

牛奶燈、糖罐、冰碗或花瓶等玻璃老器物可得溫柔以待，因為低溫燒製的玻璃薄脆易裂，不僅清洗時容易磕碰破損，極可能也會因溫差過劇「自爆身亡」。

我曾在蚤市看到一件漂亮的日據時代高腳冰碗，販仔開價數千元。就在我跟販仔一來一往殺價之際，盈盈發出動人光澤的玻璃器皿突然在和煦陽光下自己發出脆響，販仔哀嚎一聲，在我還搞不清狀況下，冰碗已自殺成仁了。

玻璃不似木料土石容易有滄桑之感，所以直到很晚近，我才驚覺老玻璃器皿所散發的雍容華美，有時更甚一件普通的老檜木家具。於是，我有了第一支牡丹花瓶。牡丹花瓶是玻璃收藏的另一大項，尺寸花色繁多，可見日據時期台灣生活其實風雅，插花擺飾遠比現時風行。牡丹花瓶之外，亦常見現代主義風格的簡約玻璃花瓶，罕見的是鯉魚瓶，僅

在收藏人家裡偶爾可見一二。

在興仔店裡的玻璃櫃裡看到這支花瓶，色澤飽滿的艷紅噴吐著誘人貴氣，瓶身上手工堆出的大朵牡丹花瓣嬌嫩鮮活，瓶子尺寸迷你，且只有單支，側身在興仔收來的上萬元五彩玻璃冰碗之間，顯得嬌小含蓄。本來不買玻璃製品的，終於還是忍不住買下了。花瓶買回來後細細地在桌前翻看，才發現手工吹製的老玻璃保有著濃厚樸拙的匠師手澤。

清澈的大朵牡丹採用寫意方式以玻璃厚實地層層手工堆出、浮顯在喜氣洋溢的赤紅瓶身上，雙色荷葉滾邊的瓶口為這股喜氣添注了源源的動感，真是令人歡喜極了。

買了牡丹花瓶後，有一陣子手工吹製揉捏的玻璃器皿很令我著迷，但一般販仔有的僅是單色普普風的瘦長花瓶。只有在興仔的店裡單是彩色的高腳冰碗就有二十幾只，羅列於一座日據菸酒櫥裡。其中更有碗口曲褶滾邊，如浮世繪細碎浪花般荷葉邊的極品神器。晶瑩剔透的玻璃製品讓人感到珍貴奢華，台灣民藝的玻璃收藏亦不例外。各種冰碗動輒上萬，在燈光下滴溜溜閃耀著通透的五彩光芒。百貨公司專櫃裡呆笨匠氣的「琉璃」根本不值一提。

冰碗常見，因為台灣暑氣蒸騰人人嗜食刨冰，「第一賣冰第二醫生」，賣刨冰可以勝過醫生收入，或者成為昔時台灣人的第一志願可見一斑。我對冰碗因此不怎麼感興趣，只偷偷地瞥眼瞧著一對鯉魚造形的花瓶。瀲灩赤紅的這兩尾小魚在興仔玻璃櫥裡隨著光影款款擺動了好幾個月，因為價值不斐，小魚們正沉靜地在櫃子裡等待主人。

小紅鯉翹尾揚鰭，大張的圓嘴給人一種正勤奮努力作著某事的印象。手工拉就的尾鰭形體各異，雙魚並置時有獨特的動感。另一支玻璃魚瓶亦有豔

麗亮眼的朱紅色澤，魚身飾以黃、白、藍、金等斑點因此在光線下顯得格外斑斕炫目。這樣的魚瓶總是飾以通透華美的尾裙與背鰭，透明而內含氣泡的魚尾潑灑渦捲，彷如魚兒甫破浪而出，撥水拍浪往上一躍，有飽滿的歡喜。

即使是花瓶小器，在日據時代也飽富興味。

至於玻璃糖罐，則從來是籤仔店迷最熱中的物件之一。有人家裡因此晶瑩剔透地擺滿一整牆各種形狀、大小與顏色的糖罐，以示自己對籤仔店的高度忠誠。而頂極的收藏神物，是把二乘三或更多的糖罐橫豎排成多層陣列的糖罐鋁架。這種厚重的鋁架配上每一格都形制相同的糖果罐，是所有籤仔店迷朝思夢想的絕世逸品。

但我一直都不受糖果罐所惑，僅有的兩支，體形圓滾胖大，並置時散發獨特的喜氣，彷如古代宴席裡的大紅燈籠。

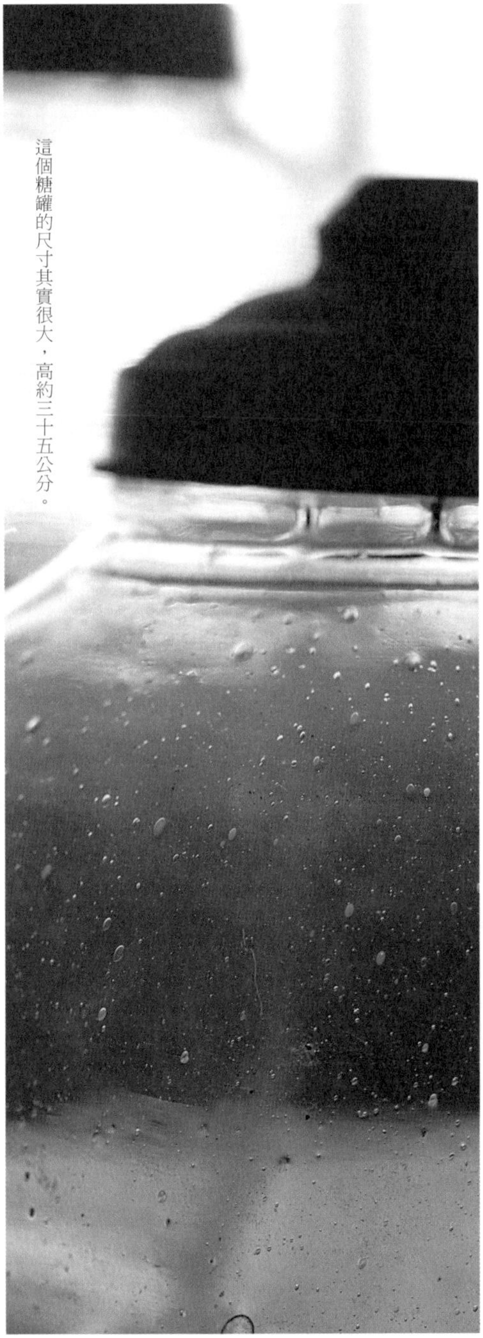

這個糖罐的尺寸其實很大，高約三十五公分。

牛奶燈

因為開始時不懂得玻璃的美，同屬玻璃器具的牛奶燈也是很晚才動念尋覓，大概是因為不知什麼時候開始，這種胖大鼓凸、玻璃瓷白有著飛碟造形、原本並不少見的牛奶燈突然從市場上消失，變得稀罕起來。

牛奶燈是遙想日據時代氛圍的主要符號，懷舊餐廳千篇一律地吊起這種燈具，使得我不怎麼喜歡這種牛奶色澤的民藝道具。

老燈罩尺寸大顆且玻璃薄脆，很不易保存，在拆裝清洗（從老屋取出的燈具通常塵垢、蛛網沾粘）時，常常不小心打破。幾年前於是出現一批現代仿製品，玻璃燈壁厚而不太通透，市場氾濫過剩，更是讓我敬而遠之。

後來連這批仿製品也在市場上消失了。我突然懂得牛奶燈罩的美了。

由於玻璃壁薄而些許透光，點起老牛奶燈時總使得室內飽浸在一種微微澄明的透明光暈中，這是老器物複製不了的靈光。也許因為早已被歲月磨蝕了一切稜角粗礪，牛奶燈沒有現在燈具的霸氣與想將生活空間曝曬於冷硬強光下的粗暴。透過牛奶般玻璃薄壁散放出來的柔美光線，即使是現在常見的紙燈籠都無法比擬。

二〇〇九年初高雄橋頭拆除老街的前夕，我站在一棟頹圮的磚造老屋大廳裡，十幾顆牛奶燈罩被拆卸毀棄於八仙桌上。我慢慢地翻檢這些因材質的脆弱與拆卸者的粗暴多少已壞毀龜裂的玻璃器物，傷心不已。

老東西保存不易，能在歲月長河中承受摧折存活至今，總是令人動容。

新力寶寶與Q比娃娃

終究是在自己家裡偷偷藏了一尊新力寶寶。

再怎麼對這種塑膠公仔不動心，對總是排排站的大同寶寶或滿坑滿谷的Q比娃娃漠然以對，只要民藝店裡有新力寶寶仍然忍不住想多偷覷幾眼。於是有了便宜好入手的4號綠褲新力寶寶。

在終於有這尊新力寶寶之前，我亦有幾次失之交臂的巧遇。那已是許多年前的某個下班時刻，我塞在寸步難移的車陣裡，兩旁都是在堵塞車流中早已焦躁火大的駕駛人，一輛三輪車卻飛快地在人行道上無阻礙地穿行前進，就在三輪車快隱入前方路口時，我突然瞥見三輪車的回收雜什上斜插一尊黃澄澄的新力寶寶。僅僅那麼一瞬間，這尊被三輪車主人視為回收塑膠的公仔就像滅頂的溺水者般消失在人車洶湧的下班亂流裡。而我卡在車陣裡動彈不得，只能眼睜睜地看著可愛的SONY公仔就這樣歪斜倒栽蔥地一路遠離消失於我的視線外。好不容易等到車陣鬆動前行時，三輪車早已不知去向。

幾年後，我在販仔蒜頭仔家裡看到稀罕的2號，著名的木頭底座新力寶寶，沉重穩固地站在光線陰黝的倉庫裡，簡直渾身發散著澄黃的光暈。可惜的是，如同許多公仔的不幸命運，這尊新力寶寶早期不知被哪個該死的猴囝仔畫花了臉，還用原子筆歪歪斜斜地簽了個醜名字。看了實在刺眼，看一次心疼一回。

新力寶寶與大同寶寶其實都是存錢筒，現在家裡的這尊品相漂亮，臉蛋粉嫩古錐，連容易遺失的底座塞子都完好如初。

有民藝店家以新力寶寶當小模特兒，戴上各種刺繡童帽、銀鎖片，因為古錐可愛讓店家賺進不少鈔票。手邊剛好有一頂小孩的老虎帽亦順手載上，沾點中國風。

又，SONY現在成了「索尼」，不再是「新力」，讓胸口大字浮凸著「新力牌」中英對照的這種黃色公仔更有懷舊氣氛哩。

除了新力寶寶與大同寶寶人見人愛外，亦有Q比娃娃迷，買盡各種尺寸的這種塑料肉色小童。某次在余仔店裡看到大尺寸的Q比娃娃頭模，生鐵鑄就的模具，彷彿怕它無由遁走，於是框鎖於尺寸相符的鐵籠之中，出場時簡直是《沉默羔羊》中的食人魔安東尼・霍普金斯。當然，是Q版的食人魔與鐵面人。

不知算不算童玩。被叫Q比娃娃的這小孩，精神抖擻地仰頭直視。只剩一顆頭顱，一比一尺寸。製作這個模具的匠師還不放心地牢牢關住它。模具裡還留著最後一次澆灌的塑膠皮膚，即使歲月久遠，仍然粉嫩緊Q。娃娃真的被囚禁於重重鐵籠、鐵面具之中。沒能看到它的面目。

也有它的短胖小手臂，在另一個販仔店裡看到。似乎當初是一整組地被分割、轉賣於各販仔手裡，如今四分五裂，已不知流落何方。

外送提盒

家裡附近有兩家切仔麵攤，宵夜時分點起昏黃小燈，一大鍋豚骨高湯咕嚕嚕地起勁沸騰，遠遠看到氤氳瀰漫的攤子，心裡便不由地快樂起來。攤子上吃麵的人亦都歡喜，舊時吃碗熱呼呼的切仔麵都仍是過節。

偶爾身體受寒，便被家人帶到切仔麵攤叫一碗麵，送來後倒栽著裝白胡椒的塑料罐在麵湯上大把大把地撒，是這樣治感冒。

這些胡椒罐、醬油瓶、醬料小碟、豬油罐、麵碗，筷籠、甚至檜木結構的麵攤擔頭，現在都成為炙手可熱的民藝收藏物件，懷舊餐廳尤其視若珍寶。

用餐時間如果家裡很稀罕地來了客人，那麼我就會被派去麵攤叫切仔麵招待。當時沒有電話外送到府，自已走路去注文也不需告知地址，如果店家還不認識我，那麼自報是誰家的兒子就不會搞錯了。麵來得很快，不需Paizza Hut的十五分鐘送達保證，麵店的人一手騎著載貨用的腳踏車另一手很穩地提著外送的檜木盒，走進家裡後掀開盒蓋。是一碗一碗讓眾人眼睛發亮的熱騰騰切仔麵，高明的外送伙計能湯汁毫不外濺傾流，整碗原汁原味就像親自在麵攤上吃一樣。當然，只不過送來的人以腳踏車多走了幾百公尺而已。送來的切仔麵一人一碗，大家就著自已的碗美味無比地吃起來，外送時似乎不會有什麼「黑白切」切料這種副食，昔時人們儉樸如是。

大人們吃完麵後亦不擔憂，繼續聊天辦事，切仔麵常用的厚胎藍底瓷碗疊成一落先放在桌腳，塑料筷子在碗上摞成一束，麵攤的人自會來收回算帳。

昔時的市區有雞犬相聞的熟稔與親近。現在回到台南，在老小吃攤群聚的市場裡，仍允許客人閑逛般地東點一盤切料，西叫一碗米糕，最後在一家賣魚丸湯的店裡坐下，桌上便擺滿市集裡各家小吃攤送來的自家強項，可以心滿意足地大吃起來。吃時聽著各家老闆隔街閑聊，吃完後亦不忙一家一家

付帳，老闆自然會總結帳款再替你轉交。

這種外送提盒有我小時候對人世間的平和想念以及大人世界樸質的宴飲喜樂，因此看到了總不免想買回來，最後有了好幾個，深淺寬扁，造形各有不同。

糕餅模與粿印

因憐惜木頭的滄桑而蒐藏粿印，雖是上不了檯面的民俗雜項，但在外一見粿印仍不免心動買回，久而久之家裡各式粿印餅模堆成木頭小山。這些凹鑿深刻的印模往往線條浮凸有緻。令人感興趣的亦是印模兩側肥美靈動的小魚小獸，比起一成不變的龜紋更能展現匠師的工藝與風格。於是為了中堂的大龜，也為了邊房的小魚、小蟹、小葫蘆、小蝦、小童……我的粿印小山只有逐年升高囉。

九〇年代大陸民藝骨董以不可思議的便宜價格入侵台灣時，厚重而刻紋深鑿的粿印往往是被鄙夷不值錢的「阿陸貨」，而台灣客庄的朱漆迷你粿印則飆到八千元一支還搶不到。當時掏錢買這種阿陸貨總令我心虛，因為這是分不清貴賤的外行人才買的不值錢東西。

粿印成為我民藝之路上戒之不去的癮頭。即使價格已然崩盤，即使有人諄諄告戒民藝雜項成不得氣候。然而板面厚實、皮殼圓潤、色澤沉靜，刻花獨特且紋路凹凸的粿印一出現在眼前，仍不免被誘惑的心旌動搖，把持不住。於是粿印如砌牆磚石，一塊一塊鋪成我的民藝路。不管烏龜總是拿來罵人（王八烏龜、龜速、龜縮、龜兒子……）或象徵長壽（龜年鶴壽，現在沒人理這個），只要印模深刻木質油潤，模上的人物花卉蟲鳥走獸生動誘人，粿印當真打死不退，見一個買一個。

民藝人窮盡一生所尋覓的絕品，除了年代必需久遠，各種變體、怪形、歪哥的稀罕品亦是大家爭相搶奪的對象。於是，曲扭塌陷像廢紙團的窯變陶甕可能不比完整者便宜，補釘的民窯瓷碗一直有不低的行情。尺寸特別巨大或小一號的家具、農具、石臼、粿印等當然更是收藏的重要標的。

台南佳里地區的巨大糕餅模對於粿印愛好者因此有難以抗拒的誘惑。碩大的囍字占滿著放射狀的八角形裡，印模的刻痕極淺，但這並非尋常的餅模，而是製作囍糖專用。濃稠熱糖水的侵蝕性顯然遠甚於麵粉餅皮，糖模上的刻痕因此常風化與漫漶的不易辨識。這塊木板一共刻著四個囍糖模，如四朵燦爛的大花。難得的是老舊感適中，漂亮的囍字沒有因歲月吹拂而凋零隱跡。

我的另一塊糖模似乎也來自佳里，八角形的模子更大，字跡則模糊難辨。這樣的糖模大多兩面可用，一面是囍字大花，另一面滿滿刻著製作菱形糕餅的印模。有這幾朵囍字大花掛在家裡，彷彿一世的喜慶就這麼不朽不壞地凝固在牆上。

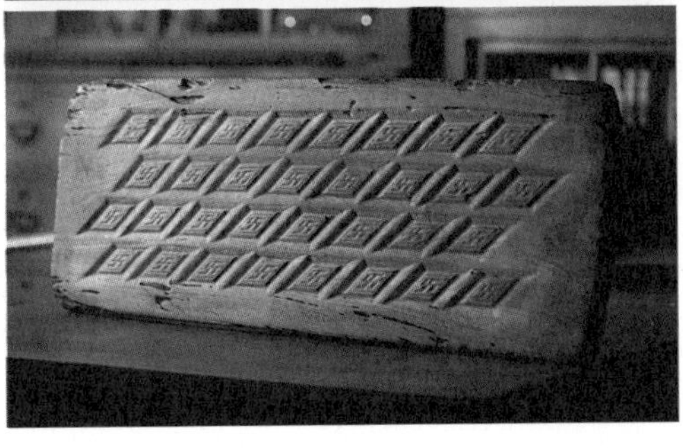

中國人凡事求個吉利，因此福祿壽三字常見於生活器物上，但這三大願望總不如囍字給人的好采頭。福祿壽只是生命的常態，一字雙喜才是人生的極樂。於是很多事物上亦印上囍字，有新婚喜慶的興高采烈，彷彿只要把一個漢字鐫刻在器具食物上便能鎮懾四方鬼神，生活有喜，人心皆安穩靜美。常見的有各種大小的囍字罐，囍字瓷湯匙或瓷碗。餅模與糖模因是婚禮送聘，亦常有囍字。吃飯、梳洗、睡覺、行走與穿著，福祿壽囍是日常器物上的四大漢字，中國人真是世俗的民族。

餅模不易得見，比粿印稀罕，因此常不怎麼漂亮卻價格高昂。節慶時為了方便自製糕餅，一般民家可能會有粿印，但餅模卻只有餅鋪才有，上面因此都會鐫刻店號，吃的是誰家的餅在餅皮上都有清楚浮凸的標示。

餅模常有著如向日葵般的盤形輪廓，因為大餅得包入各種豐富餡料（魯肉豆沙、冬瓜豬肉、鳳梨酥糖、核桃蛋黃，還有應該是台南才有的棗泥涼糕……），所以總是深鑿凹陷，配上陰刻的各種吉祥圖樣，隨手擺著就是一幅木雕版畫。有這樣漂亮的餅模，製餅師傅一定很自傲地烘烤著讓新人歡喜讚歎的漂亮囍餅。

在寺廟裡

囝仔神

小臉小手的神像總有一種誘人的可愛神氣，即使威風的男武神關羽，身形迷你化後不免露淘氣之色，連沙場上殺人無數的眼神都變得稚氣了。我因此對這種囝仔神一直有好感，彷彿佛像縮小後就變得格外可親。

三寸的迷你佛像似乎是公定尺寸，陸續覓得了媽祖、千里眼與順風耳，關公、關平與周倉，廣澤尊王，太子爺等等廣受眾人香火的迷你小神。

似乎有著一整團活在迷你天界裡的小孩子神，祂們勤奮忙碌，很專注地獎忠懲奸、評判人間善惡。各種神佛王爺聖母，環肥燕瘦與威猛尊貴在這裡一律身長三寸，一起構成縮小版的諸神世界。

先是關公。雖然也臉色赤紅如赭，丹鳳眼，著文官紗帽蟒衣，面容凝重嚴肅。不過因為尺寸略小，一切於是彷如小孩作戲。這囝仔學大人臉上搽上朱粉，粘幾絡黑鬚，坐上墊高的太師椅，裝出大人審案聽訟時的肅穆神情。沒人注意的時候，不知祂是否也會與其他小孩子神（郭聖王？）撒歡嬉鬧、仙拚仙鬥起來？

然後是千里眼與順風耳。我一直著迷配祀在媽祖左右的這對凶惡神祇。兩仙妖氣仍重，因為本是妖精。竟斗膽在桃花山上向還是少女的林默娘逼婚，結果反被收攝為僕，有點尷尬。似乎說故事的人在不知不覺間置換了故事的類型：先是以愛情通俗劇的情節開場吸引人氣，最後卻講成神怪奇幻故事。簡直一齣情節倒置的「美女與野獸」，神魔間的反羅曼史。於是就成了我們在寺廟裡慣常看到的，順風耳青臉獨角，千里眼赤面雙角，張牙舞爪地跟隨著莊重貴氣的天上聖母。

兩尊高大駭人的巨鬼小人國化之後，百年前的雕刻匠師並未依比例縮小造形，反而塑成Q版迷你小妖，與坐在中間的福態貴婦一般高度。兩妖再怎麼窮凶惡極，骨子裡即使仍想張牙舞爪搗蛋，結果都成好神公仔。搖身一變成為周身髹滿赤、青二色礦物彩的小孩兒妖精，囝仔魔神仔。

這三仙亦是甲仙地震的受害者，地震來時像神靈附體般從多寶格上一路震動落地，可憐千里眼與順風耳迎風飄逸的礦物彩帶碎裂，本來英武凌空的身形遜色不已，彩帶殘跡留在肩上像是凸刺冒出的小犄角，更像日本漫畫中那些大型機器偶人的科技盔甲。兩妖小人國化之後，已不再能像氤氳籠照的陰暗廟堂裡威儡嚇人。

觀音緣

觀音是台灣人氣最旺的佛像之一，現代工藝品可以翻模製出宛如模特兒的亮麗臉龐，只是缺乏一種真正聖潔的神韻，美麗的明星臉上只見庸俗，很可憐的毫無貴氣。老觀音的臉相也不見得個個有神，要覓到投緣的佛像真是難上加難的機緣。

蘇仔打電話來，他從以前的顧客手中買回一塊文魁官匾，要我到他家裡看看喜不喜歡。我跟蘇仔很熟但沒到過他家裡，他的店大概也有半年以上沒去了。幾年前蘇仔是進口大陸匾額的大腕，從他手裡流出來的各式官匾不計其數。我也跟他買了一塊秀氣的朱漆文魁。這幾年因為嚴禁文革以後文物出口，大陸匾額已經很少見了。

我立即出門。同治年間的這塊匾額橫擺在他的車庫地上，整體粗笨，品相且不佳。蘇仔看我不怎麼熱中，也就不再鼓吹，請我進屋裡喝茶。停放兩輛車的一樓裡有點空曠，一個大型玻璃罩中存放一尊造形精巧傳神的泥塑坐姿婦人，身上華服錦簇，臉相宛若真人，兩手前伸，專注地望著指間某個空無的點。

我與蘇仔交換了彼此的近況，兩人對淒迷的民藝市場唏噓不已，幾度相對無言。正靜默時，五斗櫃上一件錦盒突然讓我感到異樣，仔細一看，一尊一尺高的泥塑送子觀音正沉靜地收攝著整個角落的空間氣韻。我的目光立刻被這尊觀音所散發的柔美氣質所深深吸住，簡直無法移開。

蘇仔小心翼翼地從盒裡拿出來讓我細看，一邊說明這是清中期大陸泉州匠師的作品。觀音的臉相溫婉秀麗，不管從什麼角度都噴吐著撫慰人心的女性迷人魅力。蘇仔開出的價格雖然只是入口處那尊泥塑婦人的零頭，但仍不是我能毅然買下的高價，讓我有點氣餒。

幾天後我到某一販仔家裡，真巧，他也有一尊同樣尺寸的泥塑送子觀音，同時還附帶一個他編出來的故事，說是他十年前出道時因為「煞」到此觀音的美，不惜以鉅資十四萬買下。現在當然知道

買貴了，就當作當年入行應繳的學費，打算賠錢出讓，日前某某收藏家出價四．五萬，但考慮實在賠太多還是不願意真的賣啦……

我看著販仔號稱十四萬的觀音，造像粗鄙笨拙，有近乎村婦痴愚的臉相，金身且多處磕碰脫落，不禁啞然失笑。一個星期之內，我竟能偶遇兩尊泥塑觀音，見識了絕美造像後再見凡俗庸品，如同是刻意要教我從此開光點睛張啟心眼般。

離開販仔處後我心意已決，直奔蘇仔店裡，幾盞茶後開始認真講價，決心買回這尊讓我深深動容的佛像。蘇仔很快說出他的本錢，這是他多年前賣給一個收藏者後再加碼買回的價格。價格仍高，極高。但我終於跟著蘇仔又回到他家裡帶走這尊觀音。臨走前，他抱起一尊兩尺高的木雕立姿關公，這是上次來我毫不在意的現代木雕。蘇仔翻過它的身子給我看落款：七〇朱銘。我大吃一驚，同款式但標示七二年份的作品剛好當天在香港拍賣，估價最低是六十萬港幣。

我不可置信地又望了望那尊關公，還是不怎麼上眼，乖乖地抱回讓我滿心歡喜的觀音。

送子觀音

這尊送子觀音是我第一次拜訪葉桑時買的。明式工法，小孩嵌入的左手已遺失，但身形靈動可愛，觀音臉相有老裂，卻不減其沉靜雅緻。簡約的服飾上有幾抹衣褶，腰間的繫帶為雕像增添女性的柔順氣質。

葉桑投身民藝的時光比我的年紀還多上十幾年，他早先製作招牌及開美術社，自己也創作，這幾年更是努力作畫準備個展。獨特的美學素養與民藝資歷使得他的眼光犀利精準且有品味，在民藝骨董界闖盪半世紀的經歷，讓他擁有質地斐然的生命涵養。每次到葉桑家裡，便又發現一項他所曾深深投身其中的生命樂趣。除了油畫創作，他亦是資深山友，年輕時帶團攻頂不計其數。

葉桑的魅力不僅於此。蓄著灰白相間小髭的他，常閑散坐在家中地下室裡泡茶待客，對全省民藝販仔與老藏家瞭若指掌，各種稀奇罕見的民藝珍品流經他手中不知凡幾。話匣子一開，無數掌故、奇遇伴隨著件件古樸珍稀的物件如水銀洩地，聽得我心醉神迷。在民藝的黃金年代裡，熱絡的人氣南北流動串連，大家似乎都不需睡覺休息，半夜裡仍熱鬧滾滾地招待各路人馬，民藝物件來來去去仍然可以堆滿百坪的倉庫不虞匱乏。葉桑夫婦一方面接待南北匯集而來的業者，另一方面亦遊走全省向各地販仔買貨，簡直民藝發展史的戰國時代！遙想這樣的氛圍讓我欣羨神往極了。

葉桑的太太雍容漂亮，常伴隨登門的客人一起閑談。有次我正要敲葉桑的落地門時，看到她一個人端坐家中，優雅地拉著大提琴，旋律悠遠動人。我不忍打斷，站在門外聆聽琴聲許久，如沐甘霖。

大家見識了葉桑一樓及地下室各式民藝物件流動往來，總是理所當然地想像樓上應是珍稀異寶的匯聚之處。只是似乎沒人到過葉桑家的樓上，因此這個想像並沒有人能證實。也有人說，到葉桑家裡要懂得開口問貨，他便會從他神祕的樓上取下來給你。當然，這恐怕仍只是那人的想像。

近年來台灣民藝物件漸滅，品相質地遠不若以往。苦撐下來的業者都喊著生意難作，打算另起爐灶改行謀生。葉桑罵了句三字經笑著說，五十幾年前他還是囝仔時，骨董商便已怨嘆生意無以為繼。然而，這麼多年過去了，葉桑曲指算算，日據時代至今，骨董的行情飆漲一、兩百倍不只。結論是：免驚，永遠會有骨董與骨董商啦！

是葉桑說的，收藏骨董就要對歲月有情，對裂損斷殘之物有憐惜之心。

我喜歡老物，也緣於這分情。

廣澤尊王

宛如三寸法師般的廣澤尊王來自J老師的收藏。他的透天厝隱藏在小村落的狹窄巷弄裡，當我與秦仔終於走進他家時，已在鄉下的蜘蛛巢小徑裡昏頭轉向。

房子並不起眼，是一整排販厝的邊間，但入門後挑高的大廳裡有一整片牆面的巨大書牆。我眼角很快瞟了一些書名，都是相當專業的文史美術著作，書籍的主人顯然有相當獨到的眼光。屋裡有滿室的民藝家具、木雕、文房雜項，似乎僅是主人豐美藏書外的附帶配件。

入坐前我便被這棟房子的藏書所深深吸引，很難想像這樣獨特內涵及教養的收藏家竟優雅地僻居在鄉間的不知名小村落裡。

J老師刻印，寫書法

也收藏古玉，因此大部分藏書是藝術與文學的專精書籍。

我是專程為了J老師的民藝收藏而來，但因為開價不低，因此未有所獲。

一年後，我因為總是惦記著在J老師家裡的迷你廣澤尊王，終於又循著小路來到他家。

由於女兒留學開銷頗鉅，一年來J老師讓民藝業者載走不少收藏，單是興仔一人就買下五車的寶貝。因此透天厝裡雖然藏書依舊，但空寂了不少。

J老師仍然帶著我由一樓逐層往上，大部分漂亮家具都已被買走了。在三樓的書房裡，J老師從矮櫃抽屜裡取出許多上次沒能看到的老玉佩，這是他的主要收藏之一。我摩娑著如羊脂般溫潤的老玉，第一次真切感受到玉石的魅力。

俯仰於滿室華美精緻的物件之間，J老師卻感嘆地說出張大千的名言：富可敵國，貧無立錐。為了收藏，我自己亦常經濟困窘進退兩難，自然深深體會他的感慨。

在書房一角，我終於瞥見懸念一整年的廣澤尊王，J老師挪移了原來的位子，翹腳矮胖的他現在擠身書架上，無差別地與其他佛像排成一隊，有點落寞。

我把佛像取下來放在桌上，J老師說了一個可以接受的價格。於是我終於在見面一年之後帶回這尊小小佛像。在我兩次看到他之間，民藝業者進出於J老師家裡不知凡幾，但這尊紅臉披黃金甲的小孩子神卻一直耐心等待著，直到我終於下決心再穿過路徑分叉的遙遠旅程，帶它回家。

確定買到小神後我鬆了口氣，精神不再緊繃。J老師邀我一起晚餐，實在推辭不了於是就座，餐桌上時而安靜時而淘淘不絕地談起藝術的喜好，J師母的家常烹調極為美味，這是我民藝經歷裡最溫暖而被款待的美好回憶。

夜深回到家後，我把小尊王放在案前靜靜地對望，赤顏金甲，短胖的身軀有童稚般的神情，真是令人歡喜極了。

土地公

在清代筆記小說裡人與鬼或人與狐一有糾紛不平，鬼或狐爭不過人總是憤恨地說要訴諸土神。土神當然就是土地公伯，跟里長伯一樣專司鄰里間的調解仲裁，當然，人如果作惡多端，土地公是會一一筆記上報成為未來輪廻轉世依據的。

不過，現代人似乎不吃這一套。現代人愛財不怕報應，所以土地公要手握元寶才得人敬畏，古早的里長伯得轉型成財神爺才吃得開。於是原本是掌管各地方角頭大小事務的基層官員，愈來愈成為肥頭大耳的有錢員外，受人尊敬的大人物從古早的巡查大人變成首富。

這尊土地公左手放著一枚大元寶，笑呵呵地坐在太師椅上，身材矮胖短小像港星曾志偉，討喜又多金，算是符合現代標準，亦有一種老員外富足的安詳。木雕金身，臉相雖不怎麼有神，但自有一種民俗物件的優美。這尊土地公是從阿義店裡買來的。

阿義是很資深的民藝業者，在他店裡我會長坐整個下午，聽他天花亂墜地大談民藝傳奇。他因為實在太會說故事，因此被叫作「白賊義」。有這麼多傳奇故事，民藝資歷自然不淺，阿義可能是嘉義地區最資深業者之一。經歷十幾年前台灣經濟大好的年代且存活至今，各種光怪陸離的見識自然少不了。

他長得矮胖討喜，有生意頭腦，對生活卻看得開，每天午後開店，「六點下班」。自嘲只要有鈔票入帳能向老婆交差，多賺的幾百元就讓他可以歡喜到郊區小喫店來個「東南亞半日遊」。

這尊扮演財神的小土地公木雕金身，捧著一枚大元寶；除了有種老員外富足的安詳，也有一種民俗物件的優美。

骨董民藝因為市場行情拿捏不易，買賣間常需一種拚搏輸贏的霸氣。要不買方大喝一聲：店裡全買多少？要不賣方獅子大開口，一件稀罕收藏品給出天價！要不又突然超低折扣，讓買方戒慎恐懼，深怕買到仿品。但很多時候，民藝物件的價格其實取決於買賣雙方間不可言喻的氛圍。

十多年前阿義與嘉義另一同業相偕到某販仔家裡，他兩萬元買走牆上一幅名家水墨，捲好放進袋子後，同去的業者也表示想買，「沒問題」，阿義說，「八千元賣你」。這位業者被阿義嚇壞了，因為他才親眼看著阿義數了二萬元給販仔，怎麼不到十分鐘就要賠一半出讓，他被搞糊塗了。原來，圖是仿的，阿義在捲圖時才發現，但價格已出口不好反悔，只能怪自己眼拙。這時有同行要買，當然趕快賠錢脫手。

知道原委後，這張仿畫當然沒賣出去。

阿義常跑大陸，在早期台灣人還闊綽能一擲千金時，他沿路買下來常「買到不得不丟棄」，因為東西實在多到運不回台灣，只好忍痛把利潤低的丟到旅館垃圾筒裡。

民藝人常喜歡自詡眼力過人，能一眼判定歸仁窯磚胎，而大陸磚胎物件則被貶得一文不值，又或茄苳入石柳太師椅亦總是有人能鐵口直斷，區分中國台灣的不同。阿義對此很不以為然，因為他曾在福建鄉間的販仔家裡看到十幾件在台灣一定會被判定為歸仁窯的磚胎灶椅，亦在廈門骨董店裡見著台南樣式的茄苳入石柳太師椅，早期的許多佛像更是難以區分台灣或是福建沿海地區。他從此不敢鐵齒，好氣又好笑地對我說，本來他也以為能看得懂，去幾次大陸後突然就看不懂了。這幾年台灣與大陸的經濟發展有點逆反了，輪到大陸業者跑來台灣收貨，阿義以好價錢賣出不少早些時候收藏的古玉。但他以台幣賣出的價格，轉運到大陸後往往是同一數字改成人民幣售出，令人咋舌。

虎爺

剛開始學習什麼是台灣民藝時，見了一對匾額獅，便有前輩說：台灣獅愈憨面愈佳。於是印象很深地記住了。至於什麼叫「憨面」，而且是比別隻都還「憨面」，就只能意會不可言傳了。

後來對虎爺很感興趣，東看西摸，也有了不少經驗，漸漸有點懂得老虎要長得「憨面」該是什麼模樣。大抵得先古錐、魯鈍與討喜，萬萬不可有北方獅子的霸氣與凶惡。除了要長得痴傻，姿態最好像調皮的小貓而不真是猛獸。如果這麼說還是不免抽象，很難有具體感受，那麼可以看看短命的「台灣民主國」（一八九五年五月十五至同年十月十九）的國旗：黃虎旗。旗上這隻台灣虎仰頭看著斜上方，前腳像是討賞般前伸，虎身彎成菱角般還拖著一根繩子般的長尾。

黃虎旗上畫得很像是台灣民間的虎爺，而不是睥睨凶猛的萬獸之王。「台灣民主國」的郵票「獨虎票」上亦有老虎，但同樣古錐討喜，雖是悲壯抗日，仍然充滿台灣俗民的趣味。這樣的小老虎樸拙憨直，原來深藏在台灣人心裡。

這三隻虎爺都「憨面」卻也一臉聰明。

許多虎爺目光渙散，這隻的眼神也不銳利（左圖），但是雙眼上吊額頭堆擠，而且調皮，兩腳前撲，翹著S型長尾轉頭瞪人。大粒頭上長了兩片小耳，配著似乎自己無法控制的一排暴牙，這隻虎爺仍有小獸的無憂與純真。雖是小獸，但也入神。頸上貼著一丸狗皮膏藥般的褪色紅紙，隱約可見一圓洞，埋著小虎爺的魂魄。

虎爺較沒有神佛偶像的的諸般忌諱，數量也相對少，所以一直很受歡迎，價格居高不下，十年前有販仔從大陸蒐羅進口，往往是一萬元一隻的行情。這隻毛色斑爛的小虎爺（頁一二八）緣於對小佛像的迷戀。年代古遠的虎爺通常表情豐富，這隻則一臉調皮，咧嘴暴牙加上一顆蒜頭鼻，有前趴的雙足與扭向左方的大粒頭，十足是白目極了的小虎囝仔。特別的是蜷縮進兩腿間的虎尾再由左腳掌前冒

台灣民間的獅虎總講究要憨面，愈憨傻愈珍貴。這隻虎爺的年代並不真的老，但一臉聰明相；頭上貼著一丸狗皮膏藥般的褪色紅紙，隱約可見一圓洞，埋著小虎爺的魂魄。

出，捲成漂亮的一大圈渦輪。不像一般虎爺腳踩元寶，作勢上山下地，且虎尾通常翹成一個誇張的大問號，這隻卻似乎只是想要賴、撒嬌，寵物般地蹲坐於地，一副看你能怎樣的神情。

純黑的虎爺較少見（左圖），這隻亦痴傻憨面，像一隻伸懶腰的小貓露出一排牙齒，修長的尾巴在背上一點變成阿拉伯數字的2。不是猛虎下山，而是乖咪撒嬌討食。

台灣民間信仰的動物中以虎爺居首。虎爺是土地公或城隍的座騎，有守護鄉里之功能。一般寺廟神案下供奉的虎爺是專供土地公騎乘的老虎，依能力的不同有青、黃、藍、白、黑等5種顏色 。

我買過的虎爺不少，留在手邊的只剩三隻。而即使在外闖蕩多時，大小新舊虎爺過目頻繁，開價萬元的虎爺也見識許多，竟再也沒能有讓我心動者。如今民藝店裡虎爺也已絕跡，如同物種滅絕一般，難以再窺縱影。

憨番會社・一

這是一對胡人、憨番或大力士。在不知名古早匠師的細心雕琢下又歷經重重歲月，最終帶著令人著迷的神奇力量來到我的身邊，瞅著這兩個胖番，我心中不由得蕩開笑靨。

番人倆有圓鼓矮胖的造形，刀法樸拙陽剛，人物開臉滑稽有神，是用心上過妝的，雖然蓄鬚濃眉有粗鄙武夫的胖大臉頰，卻無法不顯得粉嫩狐媚。福杉材質的番人身上保留著建築構件的粗大榫頭，紅藍兩種礦物色彩中毫不意外地散發古老木雕所應有的靜好質地。

兩番是在蘇仔的店裡找到的，他的店開在省道上，在一個左傾的大彎道之後。每次來到這裡，車子總像是沿著道路在嘉南平原上滑出一道弧線，切開了無數的百年磚屋與三合院。造路的人任其空無頹圮著，像展示某種傷害性的櫥窗一樣，開膛破肚，毫無遮掩地凝結在傷害的時刻裡。蘇仔以紅漆大字將自己的名字寫在磚牆上，沒有店面，亦沒店

早期廟宇在拜殿前後的檐角下常刻有負重造形的外國力士，稱為「憨番擎大杉」或「憨番扛廟角」。憨番常是承托檐口橫梁的斗拱，可使建築結構更穩固。由於憨番的造形多濃眉大目且孔武有力，其由來於是有各種有趣的傳說。在北港朝天宮與佳里震興宮的廟額、鹿港龍山寺的燕尾燕脊、屏東慈鳳宮的石門枕，萬華龍山寺的香爐等有極代表性的憨番造形。

號，就「蘇仔」二字。磚牆後面有一座鼓凸刷白的圓腹穀倉，是蘇仔雇用怪手從農家裡一整座吊來安置在院子裡的。穀倉顫巍巍地從田埂間穿越的壯觀景象當年上了報紙的地方版面。

院落裡是一間停產多時的小型家具工廠，但石獅，石磨，石臼與磚胎洗衣盆隨意散落堆放，一眼即知是買賣民藝的鄉間店家。在這裡，我見到生平的第一對憨番。

第一次見著兩番人時我有著初入門的興頭，正痴迷的花柴亦舉目皆是，那時可興奮了，不需多少錢便可滿載整車木雕構件返家，然後為了刷洗整理這些刻滿人物花鳥的陳年木雕忙上好幾天。番人的價格太高使我覺得與其無緣，毫不惋惜亦無驚喜地把兩番再放回櫃子。當天從蘇仔處離開時又堆滿著整車的雜什。

蘇仔開的價格其實不高，只是我當時不曾為收藏投入如此數目。民藝買賣在價格的高低折衝原是雙方「相殺」，有性命相搏之意，是得培養花錢膽量的。我很後來才知道，或者才體會，年代正確與完整的珍罕物件是得當場在價格上決斷的，講價不成，「踏出屋子雨遮無輸贏」，一切抹消重來，如果中意的東西稍後被別人買走亦怨不得人。

憨番不可思議地一直待在原地，沉靜等候我識得它們，一待數月之久，彷彿這段期間裡在別人眼中他倆都是隱形的。而我每次到蘇仔店裡便再見到番人倆乖乖地住在玻璃櫃裡。兩番左手扠腰，右手平托，有一張溫馴和善的臉龐，雖然屈膝蹲坐，卻不再有屬於他們的重荷。我愈看愈投緣，終於買下這對憨番。

蘇仔在空曠平原上的這家店後來成為我民藝路線上的重要節點。日後我又在此買到另一對磚胎憨番，而台語略帶海口腔的蘇仔指點我不少民藝買賣的行規與竅門。從蘇仔店裡買到的東西有許多已成為我最珍視的收藏。

憨番會社・二

這兩仙憨番身形碩大粗壯，再沒有比這二字更貼切他倆了。既是番人，於是袒胸露乳，眼睛圓睜暴凸，胖大的臉上雙耳垂肩，穿以巨環，平添兩番的異國情調。番人倆出世得早，無有台灣廟宇這五十年來的俗麗，免除了過剩的線條彩帶團花枝葉，除了造形簡單的衣褶，身上無冗贅紋飾。在台灣的寺廟還是木構建築的時代裡，兩番屈膝前傾，一手抵住大腿，另一手撐住粗重的主梁，負荷沉重艱辛。但他們微笑，憨傻地笑著。

雕刻兩番的匠師顯然很懂得分寸拿捏。兩番不是圓雕，後半身沒入粗大的木柱之中，彷若匠師要他倆註定永繫於此，生生世世不得脫逃，必須生而為廟宇扛起令人崇仰的飛簷華彩。只是廟宇經不起信徒虛榮，香火鼎盛終有拆建的時候。兩番手腳斲斷被棄之不顧，但終究逃離了他們負重的命運。

在我開始對憨番感到興趣後，有人告訴我昌仔店裡擺著一對。跑去一看，是一對大憨番，神態氣勢不凡，當然，昌仔的開價更是嚇人。

憨番因此在昌仔店裡一放八年。並非沒人喜歡，景氣喧騰時，差點以十多萬高價賣出，幾年前老秦在寫他的〈憨番考〉時也曾心動，價格都已講定，但最後還是擱下了。

兩番不動，但他倆身世離奇，分合聚散，令人難以置信。

台灣人愛風神的性格使得廟宇總必須愈蓋愈大，於是南部某著名王爺廟一九六〇年代拆建時番人倆便流落民間。三十年後昌仔在桃城最老資格的民藝業者葉桑家裡看到其中之一，昌仔當時民藝事業正旺，台灣景氣雖已如強弩之末，畢竟好日子裡大家都風風火火，昌仔的眼力讓他立刻高價買入這尊憨番。沒多久，縣立文化中心的一位採辦以近六位數的高價要購入典藏，行政流程已完備之際，李登輝凍省，省政府轄下的文化中心瞬即停擺。採購終止，憨番如棄兒般留在昌仔店裡。

快到手的鈔票泡湯，昌仔難免蕭索；而曾有高

價出售的機會，也讓這尊憨番的價格再也不甘心調降。據昌仔說，連歌手張信哲亦曾前來探問，但買賣始終不成，憨番開始在昌仔店裡漫長地枯候。

某日有同行跑來想低價買走憨番，昌仔不允，卻問出原來另一憨番出現在中部彰南路的民藝店裡，與昌仔這尊剛好配成一對。只是那尊「漆路不對且磕損嚴重」，同行認定昌仔並不會有興趣。但昌仔並未遲疑，立刻打電話到彰南路問清對方手上憨番形貌，假意要將自己這尊出讓好湊成一對，最後卻以低價買下對方那尊，錢隨即爽快地匯到，連長什麼樣子都未過目。

或許，也不需過目，這樣的憨番除了是一對外，難道有其他可能？

彰南路買來的這尊憨番已被販仔去漆，貴氣的礦物彩被剔除殆盡。廟宇木雕因長年香火燻騰不免油黑髒汙，賣相不佳，販仔收到木雕後以化學藥劑先退漆是家常便飯無足為奇，行家只能事後捶首頓足。昌仔花錢將這憨番從彰南路直接送往鹿港老師傅的手裡整修，補上斲斷的腳掌與手

憨番扛大杉，抬廟角，擔梁……台語裡有許多憨番成語，這族人是粗工賤民，似乎註定要長的粗曠壯碩，滿身虬毛且位居社會的底層。憨但這些與憨番分不開的形容似乎與這對小人兒無關。

兩人外貌且不似番人，身材瘦小骨感不宜肩挑手提。雕刻這兩番的匠師顯然無意他們從事粗重工作，替他們加了英挺的墊肩，脖子上圍湖水綠領巾，繫著大紅腰帶，腳上再套上一雙帥氣高筒皮靴。也難怪兩番抬頭挺胸，神氣傲人。看了為他們暗暗高興。但他倆雙手互扣，屈膝側身行禮。因為匠師仍要他們是憨番，只是必需高貴傲氣。這是我見過最得意非凡的一對小番人。

腕，但未再上彩。

這對憨番南北拆離一隔多年，運往中部的一尊甚至被剝光身上的彩衣。如今滄桑歷盡，終於在昌仔手上團圓。

昌仔開出高價，復合後的憨番於是繼續在店裡呆置。昌仔的價位原不是我能買得，但某一年底時昌仔開始有點浮躁，聽說他在找我，對其他可能買家也鬆口降價。價位儘管仍高，但似乎已不再那麼駭人。經過多番的相互試探，幾個月後我以略高於預算的價格搬回憨番，昌仔與我似乎都鬆了口氣。

憨番會社．三

憨番的照片登在阿源的部落格上，是一對戴著西洋紳士帽的洋人，雙眼圓睜，捲翹八字鬍，十足外國番仔卻穿著中國唐裝，搭配正統礦物彩綻青、朱紅與鎏金彩繪。倆番長相滑稽，用色精簡大氣，左右稱頭上相，是血統純正的台灣漂亮木雕憨番。

認識阿源已經幾年了，但我沒見過他，雖有他的手機號碼，我們也從來沒通過電話。我熟悉的，是他的憨番。

我對於阿源的憨番傾心不已，但除了偶爾在部落格留言板上互通幾句見聞，卻總是拿不定主意前去親炙這對憨番的丰采。幾年就這樣過去了，一直到某日阿源來留言，他又買了新憨番放在朋友家裡。於是相約了時間，我終於看到這對憨番了。

阿源的朋友是中醫師，店裡有一股跌打損傷的膏藥氣味，沒有任何民藝骨董物件。在診間喝一杯茶後我們上樓，各式老家具、花柴、民藝小品簇擁而上，原來林先生是個深藏不露的老收藏家。收藏滿室民藝雜項而未在居家外觀透露蛛絲馬跡，真是少見的低調。

礦物彩憨番隱身在擺放紫檀硬木家具的樓層裡。尺寸比想像的小，刻工並不細膩，但閃現著老木雕常見的靈光。

阿源有一件交趾憨番，紅髮披肩于思滿面，大手大腳且面露凶光，衣飾布滿花草紋樣。憨番還另有幾件，但阿源的主力在台灣廟宇剪粘，甚至痴迷到自己亦拜師學藝。這些靈動精緻的文武人物被仔細裱裝於玻璃框裡，在牆上一字排開，物件精美細膩有民俗博物館的架式。當然，滿屋子漂亮的老家具更是讓人目不暇給。

觀賞完一屋子的收藏後，林先生拿出放在幾個老餅干盒裡的珍藏，這是今天的壓軸，台灣民藝收藏品中稀罕的極致：賽璐璐布袋戲偶。這種布袋戲尪仔雖是灌模製成，但每尊頭像開臉有神，厚實的賽璐璐有一種難以形容的獨特時光質感。因為存留數量極少，加上當年開模製造的工廠生產不多即遭祝融焚毀，這種以獨特材質製成偶頭的布袋戲偶已成為極專精、高價且難以尋獲的民藝收藏品項。

幾週後，我與阿源相約到一位老骨董商第二代的家裡，阿源的憨番都是跟他買的。我們先在郊區的透天厝裡看了數十件台灣廟宇的礦物彩人物大型橫梁，木雕的色感很古樸，戰齣人物亦活潑有神，但每一根都如同廢棄木料般人立堆壘在車庫裡一放數十年，令人心疼。看完後又驅車到老市區巷弄裡一棟至少已有五十年歷史的漂亮老宅，頂樓的神壇有整組的茄苳入石柳神桌，加上同樣是嵌入石柳的八椅四几豪華太師椅組合，開價三百萬。地下室凌

亂地堆滿早年拆廟得來的大型礦物彩獅座，數十隻交疊彷如廢棄回收，細看皆斲毀磕損嚴重。老屋曾作為道場，地下室四壁的彩繪人物竟是著名匠師蔡草如的手筆。這些民藝老物都是先前開設骨董店遺留下來，一放數十年未曾搬動。但價格不低，木雕雖有年分卻品相不佳，最後只好訕訕告辭。

阿源很珍惜他的番仔，這是我見過最漂亮的憨番之一。這些年來經過陌生的街道巷弄時，總讓我想起那間藏著憨番的中醫館，不知還有多少像這樣隱身於台灣複雜街弄裡的民藝收藏寶庫。

憨番會社・四

這尊落單的憨番是在阿枝家裡看到的。阿枝以她特有的、對民藝物件的疼惜，充滿感情地將番人以最漂亮的角度擺在我眼前的案上。憨番是她還開店時向積欠貨款的客戶換來的。巴掌大的憨番有一股稚氣，觀音石的石質細緻且溫潤就手，雖是殘件卻造形完整尺寸怡人，適合擺在桌上，讀書時相隨相看。返家後我心裡一直惦記著這個小石番，數月後再訪阿枝，依然閑散喝茶，依然滿心期待地在阿枝的日本宿舍東翻西看，而憨番仍在，終於帶回家裡，成為我最喜歡的小石雕之一。

阿枝住在空軍眷村的日式宿舍裡，與獨棟的老木造房舍、庭園與滿屋子民藝品朝夕相處，有索居之味。這是阿枝一生的夢想，我還沒拜訪阿枝前，李媽媽這麼描述。

基於對美好生活的堅持，有一陣子阿枝在日式宿舍裡經營預約用餐，以家居即景製作了清爽靜美的卡片，想來吃飯需事前預定，阿枝清晨便前往港口與市場撿選現撈鮮採的豐美食材，費時厚工地整備烹煮，再以民藝人對生命美感的要求在家裡招待來客，招徠不少講究的食客專程光臨。

阿枝的家裡是民藝品的寶庫，在通透的木造建築裡珍藏著她畢生的收藏，每一重布幕後面，每一個拉開的抽屜裡與每一個房間角落都存藏著令人羨慕驚喜的民藝物件，許多是我從未看過的稀奇老物，而阿枝則閑散地生活在這間大屋子裡，讓民藝真正存活於生命的舉手投足之間。當時我很著迷於茄苳入石柳的鑲嵌木雕，阿枝保有一對令我咋舌的日本現代風格浮嵌橫楣，布滿了手執陽傘的優雅仕女、黑頭轎車、杜賓犬、自行車、大禮堂與候車長椅等獨特題材，迥異於常見的戰齣或文齣戲曲人物，以現代人的眼光來看充滿特殊的興味。

在阿枝家裡喝茶，閑散聽她談民藝的奇遇與滄桑，有難得的舒服。阿枝說話時聲音婉約溫和，娓娓道出二十年以上的民藝資歷卻讓我驚嘆不已。在民藝頂盛的黃金年代裡她與先生昌仔日以繼夜地奔馳在高速公路上南北找貨，在港都最熱鬧的商業路段插旗開店，甚至開張了當時尚未成為風尚的懷舊餐廳，專營台灣古早味飯菜。各式花柴、磚胎、家具、佛像、瓷器玻璃璃面不改色地一擲數萬買入隨即轉手賣出，北部的販仔、骨董掮客熙來攘往，簡直要踏穿店面的門檻。這麼大開大闔的阿枝，十年來隱居於她的日式宿舍中，像是退隱江湖的劍客，幾乎隔絕了她年輕時風雲叱吒的民藝買賣。

但一種對生活的堅持繼續著。

神龕

神龕是老台灣人對奢華想像的考驗，有錢人蓋巨厝豪宅，宅裡的太師椅、神桌、紅眠床、洗臉架、桌櫃與門窗可以用料奢華氣派，雕工繁複刁鑽，但如果要在最小積體裡雕入最大的繁華，在有限的空間裡堆疊最多層次的內外，

神龕就是真正較量炫技的決勝物件。

因為神龕其實就是一座宛轉玲瓏的木造屋宇，是神明的居所。人的大厝務求豐華貴氣，神的小屋豈能不比照辦理，甚至更勝一籌？因此有雕飾重簷如纍纍葡萄攀沿垂引的北部漢體神龕，亦有凹凸起伏人物鳥獸如欲衝破表面的南部茄荖入石柳神龕。

高仔店裡便珍藏這樣一座神龕，等級之高，雕琢之細，是「台灣文化財」，應該由政府單位收購展示給國人」，他自豪地說。真的。這樣的神龕是以國家或豪門財力收購庋藏的物件，宜放在博物館受眾人欣賞讚嘆，尋常家裡恐怕並不適合。因為這種奢華與揮霍都是不屬於人間的。

我喜歡樸拙無文的素龕，有日據風，但僅是一棟小房子，做工簡樸，左右牆上開著扇形小窗讓龕裡不會陰暗，像是芭比娃娃的木造家家酒道具。這樣的素龕不會搶走神祇的風采，雕梁畫棟的豪華神龕則讓神佛淹沒於層層疊疊的雕飾之海。檜木的素龕簡約卻不失莊重地隔離人、神應有的空間，龕裡適宜放一尊亦是素雅的佛像，不是為了膜拜，卻是給予空間應有的莊嚴。

收藏佛像的人很難抗拒神龕，總想為自己最喜愛的佛像找一棟迷你豪宅。當然，對於神龕，總有人忌諱，特別是公媽龕。

我曾跟隨老販仔進入一座四合院的黝黑正廳裡看到一件華美的公媽龕，房子裡空盪盪的，一位終生未嫁的老太太留守空屋裡，在清蕪的白日裡長伴祖先留下來的公媽牌，晚上則獨自睡在一張十九世紀末的朱漆八腳大床上，床框嵌著一長塊瑰麗華美的礦物彩龍鳳橫楣。老太太受過日本教育，有很好教養，似乎既生氣又驚神未定地告訴我，某個販仔想來買她的日據字畫，其中幾幅是老太太日本小學老師離台前送她的。老太太不願意賣，結果沒幾日家裡便遭小偷洗劫一番，所有字畫都不翼而飛。

現在剩空屋一棟，但老太太終生未曾離開，而親人都已遠離，她成為屋子的唯一守護者。在她同意下，我拍了屋子裡最華麗的家具，一座孤零零的公媽龕，龕前有老太太每日虔誠上香的香灰。屋內暗影重重，一切似乎都因而有點搖晃。

我另有一件大陸神龕，不知為什麼，神龕上有迷你五仙排排坐，在還沒入駐的大神頭上，他們各自先占了一個小位子。這五仙不是主祀之神，倒是坐得舒服極了，坐相且莊嚴有神，儼然忘了誰才是主角。

五小仙有鮮豔的礦物彩上身，華服錦緞官銜皆不同，似乎各司其職，一組五人，構成迷你官僚系統。這五人組服務於底下的大神，但祂還沒來，只有一個空龕與雇員，老闆不在。問題是，什麼樣的神需要這五人組？他們既不是立於媽祖左右的千里眼與順風耳二妖，也不是關公身後的周倉關平二將。五人裡好像有師爺、吏史、帳房等文官，外加一名紅臉武將。誰身邊要跟隨這種陣仗？

不管哪位大神前來就座，恐怕都會被自己頭上這五人組搞得心神不寧哪。

倒吊花籃

兩位小童身上彷彿吊著鋼絲，凌空於屋梁之間，原以為是武俠刀客之屬卻傾身作揖，頑皮小孩一對。

小童身上披著漂亮華美的靛青與鈷藍礦物彩衣，踩在錦簇團花上衣帶飄揚翻飛，雖然穿戴質樸只是僻據一角的小廝，神情面貌皆不相同，打恭作揖卻自有沉靜的尊嚴。

這是本省廟宇的基本建築構件「倒吊花籃」，以木雕鎏金的大型流蘇彩球作為屋梁末端的奢華收尾，刻成蓮花造形則稱為「倒吊蓮花」。這與梁柱間承擔應力兼作裝飾的插角是民藝木雕收藏中的兩大項目。

飾以大型人物的倒吊花籃極少見，二廝謙卑有禮應是並列正門兩側的迎賓知客雜役。這樣卑微的小人物為原本華麗卻單調的倒吊花籃增添了俗民的喜氣。倆童儘管衣褸牽曳襲地卻雙腳外露，從衣褶

傳統建築屋簷下垂吊短柱，柱子底部雕飾成花籃或繡球稱為「吊筒」。
因為垂於末端像花朵或花籃，所以又稱為「垂花」或「吊籃」。民藝人則習稱為倒吊花籃。

中冒出小小鞋尖。似乎不該因為衣擺的褶皺繁複便忽略人物形象的四肢，這是中國工匠的趣味。

這對倒吊花籃是由興仔店裡買來的。興仔的店是最高檔的民藝店之一，沒到過他的店，很難說知道什麼是台灣民藝的精華。中部以南，恐怕只有嘉義的高仔與彰南路的水電林足以跟他抗衡。當然，他店裡的價格通常是萬元為單位的。有天我在店裡問了三次價，分別是三萬，三萬，五萬。

興仔索價不低，但跟他買東西的人卻不曾口出惡言，也鮮少抱怨，因為興仔的東西完整、稀罕，很難在他處看到同等級的民藝貨色。

他年輕時是勤快的業務員，南部的縣市鄉鎮無一不跑遍熟透，因此也奠定後來穿山下地找民藝骨董的功力。這幾年台灣民藝的貨源愈發短缺了，一些以往最硬頸鐵嘴的業者如果仍然堅持賣台灣民藝，通常只能空盪著整間店面，不然就是在某一天突然改行賣牛排、火鍋、燒烤了。唯有興仔，店裡雖不免混雜「阿陸貨」，但台灣民藝的檔次仍不見下滑，整間店面反而愈發興旺，常常滿滿放置著各種令人垂涎的華美精品，隔一陣子再去又耳目一新地換上另一批。

早早便察覺第一線民藝販仔無以為繼的興仔，往往逆勢而為，從老收藏家手裡找貨。於是許多珍稀的民藝物件在興仔手裡進出多次，價格隨之水漲船高。興仔不愁資金，他是大家口耳相傳的地主之後，所以不僅不會有一般販仔常見的困窘，且只要檔次夠高，他也不缺一口吞下的膽量。「老東西只是在大家手邊流轉而已。」興仔常這麼說，也深諳此道，不時從他的顧客手裡買回先前賣出的精品，再轉賣給另一顧客，一頭羊反覆剝皮。「促進經濟活絡，」他笑嘻嘻地說。

於是我腦海裡浮現一幅景象：無數的老家具、文房擺件、粿印、佛像、窗花四散噴射在一座巨大的滾輪上，民藝人則如爆米花般嘩啦嘩啦地在輪子裡被翻炒，勤奮的興仔在底下忙著撿拾上方不斷飄落的鈔票。

民藝骨董店各有不同的時間意識，整天開門營業並不見得就能生意興隆，因為關鍵在於店家的貨

品是否奇巧珍稀並能源源不絕。收藏古物的人雖然念舊惜情，但來到店家卻也想嘗新獵奇。因此民藝業者開店的時間（可以週休三日）及地點（可以在荒郊野外）總遠不如貨源充足來得關鍵。興仔的店便是代表之一。他週二至週五中午開門，晚上九點準時打烊。於是培養出兩批心態迥異的熟客，想搶稀罕珍品（興仔是找高檔貨的專家）的人，週二中午便準時到興仔店門口報到，有什麼好貨便能快人一步，當然，這都是興仔的有錢客人；口袋不夠深卻仍喜歡興仔店裡那些民藝好料的人，便要懂得挑週五或月底光臨，好運的話便會遇上興仔想「甩貨底」的黃金時刻。

興仔相當擅長經營台灣高檔家具，他對木料有精準的眼力。在他店裡我見識了許多華美的朱漆櫥櫃、礦物彩客家臉盆架、紅眠床、茄冬入石柳太師椅。隨著我對民藝認識的增長，他的店似乎已成為少數能讓我一再驚奇的眼力養成所。

花鳥插角

貝白、鈷藍、朱紅、漆黑、赤金，礦物彩五色，色調皆純淨濃郁，自有懾人之迷魅。這對礦物彩花鳥插角是跟網路賣家Joyce買來的。是好多年前的事了。那時網拍剛起步，有世界初誕生一切都新奇熱絡的太初景致，奇珍異寶不難偶遇，價格亦樸實可愛，人與人的關係在網路上都還有新鮮的朝氣。我因為痴迷木雕，於是認識了在網路上刊登民藝品的Joyce。

Joyce有許多現在回想起來仍覺得不可思議的民藝珍稀：陰刻著一長串討喜小人的罕見直排粿印、品相完美豔麗的客家刺繡劍帶、紋路浮凸飽滿的木刻金紙版印、造形獨特古樸的生鐵煤油燈具、永遠賣不完的銅牛鈴串與牛擔……我簡直成了她的忠實客戶，買了不少保存至今的礦物彩插角、門楣與雜什擺件。

網路成交幾次之後，Joyce說她還有幾件礦物

彩花柴，提議我親自來看看。那正是我日以繼夜穿梭往來中南部鄉間尋奇獵寶的「大時代」，於是立刻興致勃勃依約前往嘉義鄉間，沿途腦子裡塞滿了對當時最痴迷花柴的各式幻想。

Joyce網站上的照片總是以鄉間村落的一角作背景，我原以為應約前來的應是一位農村大嬸，結果是嬌小客氣的年輕女生。她開車引導我穿行於鄉間的蛛巢小徑之中，途中我的手機響起，接聽後是前方車子裡的Joyce。原來我們正經過小鎮的監獄，她透過手機詳細導覽，我則手忙腳亂地一邊開車尾隨，一邊遵照電話指示左右轉頭觀賞監獄風光。

正當我已確定迷失在嘉義鄉下縱橫交錯的田間泥土路時，Joyce的小車進入稻田中央的一棟漂亮別墅。別墅的入口植有一株百年茄冬老樹，樹形滄桑古樸，布滿嶙峋虯結的樹瘤。方正的地坪裡（原本是稻田？）有兩棟相連的簇新美式平房，屋子的另一側是一座花園，井然有序地栽植著一百株碗口粗細的桂花。

Joyce在網路上的買賣是祖父的遺澤，他畢生從事風水堪輿，因此有許多機會深入不同民居蒐羅古物，買來後且很珍愛地每件以塑膠袋封裝，毛筆正楷端正的書寫品名、購買價格、時間與地點，如此在老家收羅了一整屋子因踏查風水順便攜回的古物。

Joyce的家布置得乾淨清爽，不怎麼能聯想到她的網路賣場。我在她稻田中央的別墅裡喝了一下午濃茶，一整片青蔥碧綠的嘉南平原就緊貼窗外。不遠處一直有頻率單調的噗噗聲響，是稻田裡正為了二期稻作忙碌不已的耕耘機。臨走前，我買了這對礦物彩花鳥插角，Joyce撿了一袋她以粿印為模製成的手工肥皂送給我。我依依不捨地離開這棟遍植桂花，彷如《聊齋》中僅住著一年輕女子、書生易誤闖的深宅大院。

出門後，嘴裡有一種因為喝多了濃茶的甘洌。我揉揉眼睛，白晝裡天光明亮如昔，於是安心地帶著清朝古物離開。返家後打開紙袋，幾十個有著隆起龜背紋路的肥皂宛如活物般蹦跳而出，掉滿一地。

插角即「雀替」或「托木」，傳統建築中位於梁與柱交角的三角形木構件，具有穩定直角及裝飾功能。
雀替常雕成龍、鳳、獅、花鳥、蟲魚或人物造形。
民藝人習慣將雕刻的建築木構件泛稱為「插角」或「花柴」。底下的鰲魚與獅座亦屬其中之一。

鰲魚

有些東西總讓人不可自拔地喜歡，即使家裡已經塞滿各地搬來的大小雜什，再碰上了，仍不免要搬回家，比如木雕鰲魚。

這對台灣本土鰲魚不是最漂亮的，但軀體卻飽滿碩大，礦物彩雖不張牙舞爪，目眩神迷，卻更有滄桑的古樸。

老匠師把腴肥的龍體曲扭束縮成一只膨脹的粽子，龍尾不成比例地蜷蜿成弧度美妙的螺旋，要累累地倒掛在某座現在應已消失的華美大廟裡。

廟裡的梁柱間喜歡駐紮四獸：鰲魚、獅、象與鳳凰。早先還有古廟可拆除時，整批拆下來的各種木雕壁堵裡，最先被挑走的一定是鰲魚，而在木雕獅、鳳凰、蟠龍柱等也都被買走後，彎曲著一管象鼻、因為寫實通常刻得最醜的象則乏人問津。

可憐的「太平有象」，總不及「飛龍在天」風光。

這對鰲魚來自李先生華美的四合院。第一次見

李先生時，他帶著我到他儲藏民藝品的工作室。夜色濃稠，李先生騎著摩拖車在無路燈的田間小路左彎右拐，東一墳西一墳的土饅頭夾在車窗旁，我覺得我已完全失去方向感地深陷墓仔埔中，只能心驚膽顫地跟隨摩拖車的紅色尾燈，努力保持著安全又不會跟丟的距離，以免被遺棄在這個鬼氣森森的荒涼曠野裡。

車子從闃黑的田野裡彎回鎮郊，終於在一扇鐵門前停住。李先生消失在黑暗中，我聽到他從挑高的鐵皮屋深處叫我別走動，微弱的聲音從宛如浸在墨汁深處的空間裡傳來。啪，電燈亮了起來，我面前是一個游泳池大小，深近兩米的乾枯水池。一間停業的釣蝦場，李先生解釋。

中型規模的廢棄釣蝦場，水池旁的空地、房間全擺著沾滿灰塵的各式老家具。累累堆疊著的大塊紅磚遮住一整堵牆，各種奇木、枕木及木料聳然倚牆宛若森林。

我在這個已停業的釣蝦場裡一處一處地看，在台式、客庄、原住民、大陸老家具堆疊如小山的奇幻空間裡，簡直慌了手腳。這是一個民藝品的堆棧倉庫，我雖也陸續見過幾次這種巨大空間裡的家具堆疊，但走進這樣的倉庫，總是讓人眼花撩亂。

當夜我空手而歸。李先生仍騎車引導我穿過墳場，離開那個隱匿於鄉間迷宮中的工作室。

我們約定週末再訪他在附近的老家。

在幾天後的白日裡，天光下仍是彎來繞去、伸手幾可觸及兩旁稻穗的田間小路。車子拐進被稻田圍繞的素樸小村落，村裡道路窄仄依舊，小路蜿蜒匯聚於一座精緻整建的紅磚牌樓前，樓後的稻埕裡植滿各式細心照料的花木，是一座三合院。三合院護龍擺滿了李先生的原木與鋼材雕塑，不少是得獎作品。院後大片土地上蓋著一棟四面通透的巨大紅磚茶屋，屋前屋後滿布著民藝家具，以及屋主用來為裝潢備料的各種老屋梁柱、門板與斗拱。

老屋占地龐大，屋宇間以門廊小徑相通，彷彿本身就是一座迷宮。每個房間打開後都是讓我心跳加速的豐美老家具，礦物彩寶藍、朱紅、靛青與皂黑成了妝點此屋的主色。

寬闊院落裡的花草造景亦有民藝巧思。從廢棄鐵工廠裡收購來的鑄鐵坩堝有一人高，外型優雅彷如一朵巨大的生鐵鬱金香，原是用來澆灌融熔的高溫鐵水，現在成了庭園裡的漂亮水缸，鑄鐵表面上爬滿了紋路美麗的青苔蕨草，缸口則整簇綻放著鮮嫩荷花。

我從老屋裡載回了一對鰲魚與一件石雕王爺。鰲魚原懸掛在三合院護龍的門框高處，有台灣早期木雕的獨特雅緻與含蓄。

我特別喜歡溪埔石雕刻的王爺。王爺的雙眼圓睜眉心緊蹙，一格格牙齒從下弦月般的嘴巴呲出，深長的法令紋讓他怒而且威，且酷。可惜虎頭鼻被殘酷的歲月所斲平，但扠腰拎衫，仍然怒容滿面且英姿勃發。

只是王爺雖然已盡力挺直腰骨，身形卻肥矮地滑稽，有中年男人圓鼓鼓的肚腹。要把斷鼻王爺想像的很威嚴、很凶狠，實在有點難。布袍輕軟地裹住他圓凸的小腹，一條繫帶由下托起顫晃晃的肚腩。衣褶的造形自然而靈動，匠師經由質感柔軟的布料在堅石上模塑王爺略帶喜感的體態。

王爺身上銘刻著古老石雕的滄桑，遠觀有大氣卻不失俗民工藝的喜氣。

獅座

很難不遇到獅仔。各種品種的獅仔：匾額獅、看門獅、風獅、墓獅、斗拱獅、座獅、太獅少獅、八卦獅、獅咬劍、刺繡獅、倒吊獅……木、石、玉、瓷、銅、陶、磚、絲，什麼材質都有。但很少看到這麼憨面又這麼大粒頭的。雙目圓凸，兩耳招風，獅子鼻，樸克老K的絡腮捲鬚，上唇翹的可吊三斤豬肉。

這對獅子是整顆樟木棵成，大小略異，但是頭都很大粒，占身體的一半。雕刻的匠師似乎只想對台灣的喜感虔誠塑形。把獅子想像成這麼憨直歡樂，並在生活裡四處布置這麼洋溢喜氣的想像動物，大概是我們對生命最深層的想望吧，這是動態的，屬於台灣的喜感。

獅座來自當仔。常常在正午時分走進他在屏東的店裡時，他從裡間的木工作坊裡現身，已經喝得滿身酒氣。

當仔年輕時在東港學作漁船，跟過老派師父，因而成為硬底子的木工匠師。木製漁船後來被玻璃纖維船取代，台灣漁業也已沒落，當仔因此改做裝潢，他有天分，加上工藝底子厚實，遠不是一般釘夾板貼塑料皮的裝潢工人可以比擬。

當仔又曾經營禮品店，幾年前結束營業回到屏東老家，當時幫南部民藝業者整修家具的寶財仔中風，大家正因手邊七零八落的老家具無人可修而束手無策時，當仔適時填補了這個空缺。他工法利落，拆、裝菜櫥的邊腳又迅速又做得漂亮。於是，當仔的店裡立刻堆滿各種等待他急救的生病家具。只是當仔個性閑散，很多待修家具一等多年。某收藏人抱怨他的太師椅已擱了半年都無動靜，楊小姐在場大笑說，她這種已經等三年的都沒吭聲半年的有啥好抱怨！

當仔又被叫「時鐘當仔」，因為他蒐集發條老鐘，極盛時期手邊有三百多顆大型花鐘。他因此也兼修理老鐘。我常常在他店裡一待數個小時，聽他介紹各種木料，也看他怎麼將一件壞毀的漂亮家具

神奇地回復原貌而滿心歡喜。

如果臉盆架缺一支龍頭角料，當仔便隨手描起草圖，在老木料上活靈活現地刻出龍頭，菜櫥缺一片玻璃內畫，他拿起畫筆亦能勾勒出仕女山水。茄冬入石柳家具常有人偶跳脫缺漏，當仔亦能填補修復如新，尤其是將尋常神桌改裝成炙手可熱的茄冬入石柳款式，價格一翻數倍。眾人皆贊許他工法高明細膩，只是他店裡斷損缺件的家具日益增多，愛飲酒嚼檳榔的當仔總是消化不來如山的待修家具。

因為對木料有工匠的敏銳，當仔亦囤積不少老厝與老家具拆來的上等木料，這是他整修家具的備料，當仔店裡內外都堆疊了各式角料。隨著台灣老家具的日益稀少，整修老家具所需的各種老木料也開始不易獲得，往往將損毀嚴重的某一家具拆解來修補另一，又或者犧牲不值錢的日據衣櫥或菜櫥來挽救較貴重的其他櫥櫃，很多老家具於是便在當仔的巧手下「器官轉移」地獲得重生。

這對礦物彩獅座混雜在當仔店裡的家具迷宮一待半年，在他手裡更有十年以上，其間亦曾當仔

外出，被同業跑來家裡半拐半騙的擄走又氣極敗壞地去索討回來。獅座的礦物彩豐饒華美，獅臉飽滿而有王氣，獅尾有身形靈動的兩名劍客懸空比試鬥劍，我從不曾再見過這麼漂亮貴氣的台灣獅座。因此認真地與當仔談起價錢，最後被我搬回家裡成為我最喜歡的收藏之一。

‧石獅‧

家裡浴室、窗台、玄關、走道、五斗櫃上四散著大大小小的各種石獅。石材總是較木料更顯露生命的質地，木頭經不起歲月的摧殘，但石頭頂住時間的拂弄拍擊，似乎銘刻了屬於它的獨特命運。動輒百年以上的靜好時光以及悠遠歲月所帶來的滄桑，毫不遮掩地凝煉成石獸上粗礪與光滑的辯證。

石材風化不易，青斗石尤難損其光采。老石雕因而總是具有一種歲月所賦予的莊嚴。面對一隻已沉坐三百年的小石獅很難不讓人動容。石獸們幾百歲的年紀，滄桑古樸一逕如是。

這些石獅大部分來自陳仔，他紮一頭長至腰際的馬尾，是一個第一眼便讓人覺得性格的人。

陳仔住在市郊，寫了地址電話給我，但一旁的蘇仔卻保証我找不到他的住處。這讓我很不服氣，這幾年來我跑遍南部鄉間，不相信有找不到的地址。直到陳仔來到我車前引導我沿著窟高鑽低分叉

雖然小石獅常來自古墓，但公獅威風，母獅踩著頑皮小獅子，相當逗趣。

如迷亂棼絲的產業道路抵達他的莊園時，我才終於理解蘇仔的真正意思。

說陳仔有一座莊園，並不是誇張之詞。緩緩滑開的大型電動鐵門之後，有比真人還高大許多的石雕羅漢、翁仲、石羊石馬夾道，車子沿著一座人工小湖到達第一棟屋子，路旁散置著難以細數的小石獅、石臼及石輾輪。

這麼多新舊夾雜的石雕散落眼前，我簡直暈頭轉向不知從何看起了。

莊園裡高低錯落著四間風格迥異的屋子，各自堆滿了文物。十年前這裡曾是媒體多次報導的著名庭園餐廳，結束營業後，陳仔自己照顧著碩大院落，一邊零散賣著他早年以貨櫃從中國大量進口的各種骨董雜項，很有遺世獨立的味道。

中國經濟崛起後對文物的管制日益嚴峻，狂飆的骨董價格也遠不是台灣市場可以消受。陳仔不再奔走兩岸，但十幾年來買賣骨董已賺來這座莊園及堆積如山的存貨。

「現在賣出去都是淨賺的，」他說。

入寶山很難空手而回，但定下心來想要挑選幾件帶走卻也不易。

最後我從上百隻耳目臉鼻身型各不相同的小石獅中選了兩隻，加上一尊三寸木雕紅臉關公，約定近期將再來訪後，離開了這座令人咋舌的石雕骨董莊園。

後來我跟陳仔又買了不少石獅子，許多是昂首互視的成對墓獅，也有幾隻尺寸不小的風獅或旗獅。於是有一陣子，每隔幾天我便後車廂沉甸甸地開車回返，隨即電召一二大塊頭友人來搬運石獅。幸好石獅不是大型家具，電梯裡不怕裝不下，終於還是一隻接一隻進屋了。

有這些古獸相伴，讓人自覺生命也跟著豐厚扎實起來。

湯盤

湯盤是最現代也最古老的用具，而台灣人遺忘久矣，直到IKEA出現，我們發現這種被重新命名為「托盤」的餐具，才懂得原來飯菜上桌是可以優雅地使用托盤盛出，不需每次都擔心發生路邊攤歐巴桑把拇指插入湯裡端給客人的慘劇。電影裡也常看到男主角一早做好豐美早餐後以托盤端進臥室喚醒幸福的女主角，兩人清爽地在床上吃起早餐的愛情場景。

現在我們用著IKEA的廉價托盤卻忘了其實我們古早也有同樣的餐具，而且是木刻墨繪的精緻手工製品。真是可惜。

湯盤是廟裡拜拜時盛放祭品的用具。牲禮擺放妥當後，信徒可以很方便地端著這種木托盤在不同供桌間移動。有了湯盤，供桌上每人固定占有相同的面積又不會弄髒桌面，既乾淨又有秩序。

湯盤的規格尺寸大同小異，大都是檜木製成，周沿封框。講究的湯盤盤面是整塊木板構成且有墨繪，木框的高低起線亦豐富有層次。

廟裡人來人往，湯盤很容易搞混拿錯，因此很多湯盤背面寫有毛筆正楷的年份與信徒姓名，這就成了這塊湯盤最好的年代證明。我的一塊樟木湯盤便恭敬寫著「大正拾年　郭順美　吉置」。大正十年是一九二一年，距今將近百年，現在已經很難想像去IKEA買回一個托盤後，在家裡嚴肅端正地磨墨置筆，彷如開光點睛般在塑膠托盤背後寫下這樣神聖的字詞哪。

湯盤與菜櫥、衣櫃或八仙桌一樣家戶必備，量多價跌，民藝市場裡非常便宜。品相漂亮且盤面以整塊檜木製成的湯盤曾有很長的時期是三百元，磕裂壞損或風化嚴重者則更不值，幾乎是每家民藝店與販仔的常備民藝物件，甚至有的販仔家裡被挑剩殘損的湯盤堆擠到天花板長期無人問津。這幾年來飲茶風氣日盛，愈來愈多人尋覓色澤造形皆古樸秀美的台灣老湯盤作為茶盤，可惜局勢已經翻轉，如今想看到湯盤的機會竟也微乎其微了。

湯盤得挑選厚且大者，五金吊環能別出心裁更佳。這幾片形制特別，有的厚身，有的迷你，有的大塊，有的蝦子墨繪傳神。作為餐具托盤免得湯水潑濺燙手，真能方便家居生活哩。

講究的湯盤盤面是整塊木板構成且有墨繪，木框的高低起線亦豐富有層次。

大鼓

民藝人究講材質，木、石、銅、鐵、陶、瓷、刺繡、玻璃的等級珍稀都是考究評判與較量之點。不少老東西被民藝人捧在手心裡呵護，不是因為美學的價值，而是材質的珍稀，與或許因為材料貴重而被古代匠師另眼對待的精細做工。

材質固然是考究的重點，其實我往往更著迷於形制與美感。「材質只是加分罷了」，楊小姐有一天明確點出民藝家具的關鍵，有精準的洞見。

但是對於材質的迷戀，畢竟讓我搬回了五花八門的民藝雜什。這些原本尋常不過的木石銅鐵等器物，在歷經歲月風霜之後，一無例外地剝落了原本繁華刺眼的商品賊光，坦露出原來的素樸本色。木是木，鐵是鐵，而陶土終於是陶土，不再被光鮮虛假的油亮外殼所覆蓋。

跳蚤市場裡偶有直徑逾一公尺的巨大銅鑼，鑼面的陳年古銅質感往往深深地誘惑著我，如果不是販仔因銅價連翻上揚（銅件買賣總是以廢五金的收購價為基準）漫天開價，現在家裡可能必須有一整面牆空出來懸掛被我陸續買回來，如同辦桌師傅大鼎的幾件巨無霸銅鑼。然而，在阿達仔家裡看到這只大鼓時，我雖不懂樂器，終於還是忍不住買回來了，因為這又是一個攸關材質的根本問題。

這是我見過最古老的朱漆大鼓，兩層交疊的竹釘嚴密地綳緊著鼓皮，木質的鼓身上嵌埋四支鑄鐵環，做工紮實牢靠，至今仍可以讓我安穩地懸吊起這件沉重大鼓毫不鬆動。

這是一個無用的龐然大物，雖然偶爾讓我可以學古人暢快擊鼓，且鼓聲雄渾低沉彷彿來自遠古巨獸的低吼，鼕鼕震耳。畢竟是個占地方的大傢伙哪。但它代表的，或許早已不是簡單的俗民樂器，不是與居家生活永不相干的廟會慶典道具，而是發自每一個古老器物所源源散放的歷史靈光。

喜歡老東西的人著迷的常常是歲月披瀝其上的斑駁，時光捺印的損傷。這些老東西在大多數時刻裡是毋庸看細節內裡的，單憑第一眼的氣味靈光，新舊立判。這是何以在民藝收藏裡，同樣是菜櫥，有時候五萬元比五千元便宜的原因：價格來自工藝與悠長歲月所加持的完整性。

古希臘人認為木匠是木頭的朋友，漁夫是魚的朋友，棋手是棋的朋友，哲學家是智慧的朋友……那麼，民藝人不就是各種古物的朋友？收藏民藝，或許開始於與各種材質作朋友。生鐵、木料、陶瓷、玻璃、玉石，無不可為友。

在我還努力晨起逛跳蚤市場的年代裡，因為喜愛鑄鐵易風化斑駁的個性，買了不少鐵臼、鐵杵，甚至連豬肉鋪懸吊豬肉鐵勾、起重機的老鑄鐵鏈、農村裡如巨型牛排叉的鑄鐵叉、拆船專用的巨無霸扳手都珍惜地買回家裡，一一用鐵刷仔細地除銹上油，顯露出它們獨一無二的歲月質地，並因此歡喜不已。

廟門

這對廟門聳立在屋子深處，門神身上的黃金甲燦爛奪目，像一片耀眼的金箔在遠處閃閃發光，刺人耳目。走近一看，肥頭大耳的秦叔寶與尉遲恭雙目炯炯有神，不管人站在那個角度都血脈賁張地凝視著你。

潘麗水的落款筆畫猶勁地清楚寫在箭袋上。他擅畫髯髯長鬚，聽說同時執三筆畫成。果然兩門神鬚髭虬然怒張如戟，但根根纖細可見。

廟門放在鬍鬚仔家裡。有很多人都被叫作鬍鬚仔，在高雄我至少就認識兩個，都因民藝坐過牢，而且不只一次，說起來實在不怎麼光彩。

這個鬍鬚仔其實已不蓄鬚，但專門賭博、專門抽菸嚼檳榔、專門東鑽西探因此被抓，當然，我認識他，是因為他偶爾也專門拆廟賣木雕與建築構件。在他租來的透天厝裡常胡亂堆著廟宇重建拆除的花柴、雕花屏、蟠龍柱、佛龕……甚至有一整面巨牆般的連環人物木雕構件。鬍鬚仔開價時總是充滿立即可見的狡詐與玄機，從他眼裡伸出像是昆蟲的觸鬚探測著你，如果機會來了能在價格上「海扁」你絕不會輕手輕腳意思一下。

然而鬍鬚仔個性急躁，我第一次到他家後，手機常收到他的連環call，急著問我是否要買他手裡的貨。

骨董買賣裡，誰急誰吃虧。但鬍鬚仔似乎不管這個鐵律，連環call來的電話裡一律仍是試探與唬弄的江湖術語。介紹我到鬍鬚仔家裡的S便氣急敗壞地提醒我千萬別衝動。

當然別衝動，我的民藝資歷雖不長，但也不是「阿舍」。

我從沒買過鬍鬚仔的東西。但某一年年底他告訴我年後將「出大貨」。果然還沒過完年他便狂撥我手機叫我立即去他家裡一趟。我忙不迭聽命出門，因為來了彩繪大師潘麗水落款的一對廟門。

走入鬍鬚仔家裡後，他見我識貨，得意非凡。歷數目前南部縣市裡還有多少潘麗水作品待他慢慢買出。特別是他找到一對潘麗水與父親潘春源共同落款的大門，這是他剛出道時的年輕作品，連潘麗水兒子潘岳雄都沒見過的無價之寶。但地點在什麼所在歹勢不能跟你講，要先讓他跟寺廟主委慢慢溝通，有一天一定可以買出來。

我在這對大門前左看右看，坐下來假裝聽囉唆至極的鬍鬚仔吹捧自己拆廟已賺進幾億又通通賭輸光光的俗爛故事。這是我第一次在民宅裡看到潘麗水的華美作品，坐在滔滔不絕吵死人的話語流裡，我內心卻沉靜極了。

真是懾人心弦的漂亮彩繪。

鬍鬚仔講完一長串故事後開出了他要的價格（數十萬元）。當然不是我買得起的，所以也不需殺價了，我不捨地再望了望這兩尊撼人的門神打算告辭。在門口又被鬍鬚仔纏住講了十分鐘的話，臨上車前我回頭最後看了這兩團火紅的黃金戰甲神祇，終於擺脫了鬍鬚仔。

高雄哈馬星代天宮是保存最多潘麗水彩繪傑作的廟宇，門神彩繪更是威武懾人，為其代表作。

在醫生館裡

醫生館民藝物語⋯⋯

醫生收入優渥，常能自蓋住宅診所，加上生活西化，老醫生館裡除了醫生椅、事務桌、屏風、病歷櫃、候診椅、看診床、手術工具櫥等基本配備外，留聲機、唱盤、火缽、油畫、外文圖書、花鐘、大型書架、書桌等⋯⋯常是意外驚喜。

幾年前我受邀進入已退休醫生的診所兼私人住宅裡，老醫生房子即將出售，屋裡遺留下來的家具可以任挑運走。我於是滿懷希望與想像地開車專程前往位居鬧區的二樓大宅。

老醫生兩代行醫，民國四十多年新婚後便在此落戶看診直到退休。多年前一樓診所大幅翻新改建，已不再有日據時代診所常有的、在小孩高度開一小洞的夢幻弧形檜木掛號牆，不免讓我有點失望。二樓是老醫生與家人生活起居之處，窗戶及隔間都是令人懷念不已的檜木材質，各個房間裡亦有厚料製成的檜木衣櫃，只是不知為何家具皆粗笨清簡，雖有六十年老宅的舊時空間氣息，卻無一家具可喜，我惋惜不已地在各房間裡來回走動，逾半世紀的老房子裡保留下來的似乎僅是一種無人可以帶走的古老空間量體，彷彿連流動其中的空氣都無比的濃稠凝滯。

房子即將轉讓出售，這個空間與早已無形地銘刻此空間的家族歷史想必很快將被怪手拆毀、永遠消失。臨走前，我對老醫生及醫生娘感到無比地抱歉，我無法繼承的是老診所光榮的空間歷史。最後，因為對這個即將消失空間的感傷，我帶走了原來放在和室裡的火缽與一樓的病歷櫃。

因醫生年老退休使得整座醫生館像突然被拔掉插頭般偃旗息鼓應該不在少數。我與販仔曾在以老街著名的南部小鎮裡張望某張像是已被放進時空膠囊裡的漂亮候診椅，卻苦於找不到老牙醫診所的後人。幾個月後，神通廣大的販仔電召我過去，候診椅變戲法般地已安靜躺在他的鐵皮倉庫裡。

有一年機緣湊巧，三代行醫的著名老婦產科歇業，後代皆移民遠遷。我於是載回了醫生館裡漂亮有型的四張普普風沙發與老醫生專用的巨無霸檜木事務桌，加上別處得來的數張旋轉醫生椅與檜木候診椅。如是，東市買駿馬，西市買鞍韉……家裡竟也匯聚了老醫生館的各種古老行頭哩。

可惜我不是醫生，否則就來開一家獨樹一格的懷舊診所。免得有病在身已經夠倒霉了，還得面對一律死氣沉沉的醫院白，一點人性都不復存在！

醫生椅與小圓凳

台灣人常坐的椅子是長凳、孔雀椅、太師椅、媳婦椅或大板椅，這些形制固定的椅子出現在民宅大廳、中藥店、廟口、飯廳或飲食攤，什麼場所就配什麼椅子，不會有太大驚奇，也幾乎就是構成民藝家具「椅子類」的基本元素。

當然，前幾年流行普普風沙發，民藝店也常看到繃著咖啡、暗綠、赭紅或牛黃色澤塑膠皮的西式老沙發。但是在民藝光譜上，普普沙發已屬於清代、日據、光復之後的七〇年代風，與童玩、鐵牌與企業寶寶屬性較接近。

這種有豪華感覺的老椅子被特稱為醫生椅，不同於閑聊或吃飯時蹲坐的日常椅子，或許是台灣人對醫生職業的尊敬。在老椅子中，醫生椅總是有點洋化，大概因為醫生指的是西醫。日據時代的醫生館裡總保存著各種民藝寶貝，檜木病歷櫃、診療床、放手術用具的玻璃立櫃、屏風、各種適宜高溫消毒殺菌的老式不鏽鋼刀剪，由大到小的玻璃針筒，甚至診所入口處開一個圓形小洞用來掛號的整面弧形檜木牆。

醫生椅通常配上扶手，編籐或繃塑膠皮的椅面可以旋轉，方便醫生問診時來回轉動於桌子與患者之間。患者亦有椅子，椅面也旋轉但無扶手，因此輪番就坐相當便利。

這張醫生椅買來時籐編的椅面已經破損，似乎承載著老醫生數十年問診的疲憊與衰頹。我看著覺得心疼，載著椅子到曾是籐製家具重鎮的台南關廟尋求匠師協助修復。想不到在關廟街上繞了幾圈都未見家具店，輾轉詢問多人後終於在郊區找到一家工廠，但目前已由機器生產家具的工人們不會整修。只好跟熟悉的販仔求援，原來在小鎮另一端的某無尾巷裡就有師傅可修，我興沖沖地趕緊跑去。一週後，椅子康復出院，籐面編織的漂亮無比，老兵不死，終於可以再派上用場。

小圓凳現在常被歸於普普家具，上面鋪以黃黃綠綠的針織坐墊裝飾的好不花俏。記憶裡的小圓凳

醫生椅通常配上扶手，編籐或繃塑膠皮的椅面可以旋轉，
方便醫生問診時來回轉動於桌子與患者之間。

患者亦有椅子，椅面也旋轉但無扶手，因此輪番就坐相當便利。

其實出現在醫生館裡，每次生病被帶去看醫生時，忙碌的老醫生坐在有扶手的醫生椅上看看你發炎的喉嚨，又咻地一下子轉向書桌填寫病歷。患者坐的是這種圓凳。小時候害怕醫院，叫到自己名字走向老醫生時總怯怯地看這這樣的圓凳逐漸在眼裡放大接近。現在回憶裡對這種圓凳竟感到特別親切。

醫生館的圓凳讓看診的患者可以很方便地替換，民藝家具裡的醫生椅配小圓凳是絕佳懷舊組合，如果再佐以白漆已泛黃的手術工具櫥，便有日據小診所讓人懷念不已的舊時氣氛。

這三只圓凳形制各不相同，木質椅面生鐵椅腳是高雄拆船時代的遺澤，多年前在港邊的販仔家裡找來，沉甸甸的材質相當穩固；另兩只圓凳則造形典雅有診所味，雖然坐在上面總覺得如坐旋轉木馬不得安定，但有的是台灣民藝的獨特滋味。

・候・診・椅

開始注意到這種由細長木條拼成椅面的醫院候診椅或車站候車椅時，價格通常破萬元的這種長椅幾已絕跡了。偶在販仔處看到，通常造形僵直粗笨、年代不很久遠。

昌仔提起曾賣出新北投車站的一對長椅，色澤暗沉皮殼豐潤，車軹椅腳渾厚大方，椅面木條之間幾無空隙，整張椅面以木榫接合看不到任何釘子。當兩張長椅背靠背時，流線造形的椅面與椅背恰好連接成一抹優雅的鐘形曲線。

記者出身的昌仔有一流的描寫能力，這對連老資格的他都僅看過一次的神器，令我神往不已，雖然我還是沒能想像候診椅能美好優雅到何種地步。但昌仔的話實在太誘人了，我終於忍不住跑到高雄市立歷史博物館，因為這對長椅已被昌仔高價賣到這裡。

長椅被擺在二樓僻靜的死角，一個畸零空

間，這裡除了兩張面對面的椅子，什麼都沒有。但我立刻被椅子所散放的沉靜氣質所深深震撼。那天下午沒有人靠近這個角落，我無限珍惜地坐在這對巨木長椅上，一下子拍拍照，一下子四處撫摸，這張坐夠了再換另一張，最後乾脆整個人躺在長闊的椅面上感受老椅子的質地。待了快兩個小時才不捨得離開。

偶然間我買到一張冰果室雙人椅，椅子色澤古樸，有高聳的背板方便遮掩情侶調情。這種不知該叫椅子還是凳子的雅座不是為了坐著舒服而設計的。這張椅子尤甚，椅面窄而長，一整塊背板挺直豎立簡直像懲罰坐上去的人。但是能上座的年輕人卻滿心甘願，坐在一人有點寬兩人嫌擠還不得慵懶如沙發吧橫豎亂躺的硬座上眉開眼笑。因為這是情人雅座，戀愛專用。

吃冰是談戀愛的重要儀式之一，冰果室因此常見這種檜木椅子。當然，有更高級、更幽暗也更舒服的雅座，是通常開在二樓的高消費咖啡廳。

朋友年輕時曾與某人女友相約於二樓雅座，該男友聞訊趕來找人，在大白天仍伸手不見五指的闃黑咖啡廳裡生氣大叫×××給我出來，手電筒筆直光柱交叉掃射，情侶們都嚇壞了，人人噤聲不敢動彈。聽說當天附近的咖啡廳都被翻找了一遍。朋友與那位劈腿的女孩幸好未被尋獲，躲在黑不溜啾的雅座裡直到天黑才偷偷離開。

可惜我生的晚，吃冰喝咖啡的雅座戀情未能恭逢其盛。

關於候車椅另有一段奇遇。某個午後躁熱的夏日，S突然說：「走，我帶你去看那張椅子。」於是我們驅車離開S在荒僻鄉間的鐵皮屋，經一小段高速公路後駛入台南縣山區，四十幾分鐘後，車子岔入一條小路，來到半山腰一個古意盎然的小鎮老街上。

彷如過去五十年時光暫停般，車窗兩旁全是日據時代遺留至今的簸仔店、布莊、中藥房、剃頭店……在灑落一地的刺眼陽光中，我兩眼鼓凸地望進黑黝黝的一家家店裡，各式令人垂涎的檜木玻璃櫃、布櫥、菸酒櫥、掌櫃桌，簡直目眩神馳地夾道而立。街上往來的男女緩慢而真實的生活在這條老街上，包子店的師傅正賣力揉著雪白的麵團，剃頭店的小姐專心地在客人頭上揮動剪刀，幾個老太太穿著老式的花布衣裙安靜地圍坐在路旁打發時間。

在幾不容錯車的山城小路上我眼花撩亂，車速愈來愈慢，S則若無其事地告訴我這玻璃櫥的主人還捨不得賣，那中藥櫃是生財工具問不得。總之，這裡的每個櫥櫃似乎都已在他的等候名冊上登錄有案，他只是帶我來探訪這些老朋友。

這個山城，S已逡巡訪視十幾年了。

車子停在老街盡頭，S快步走進一家只有一張理髮椅的老店，在隔開的後間堆棧裡，S指著一堆紙箱與塑膠袋要我看看，果然，是一張顏色已退成淺原木色的候診椅。

古早理髮店的小姐從對街閑散地走過來，告訴我們這不是屬於她的東西，S熟門熟路地說他知道，椅子是房東的。這幾年來他已陸續跟醫生後代的房東買了不少老診所的家具。

在S的指引下，我將車子開到山城外的一排水泥販厝，房東是一位很有氣質的太太。一應門出來便笑靨滿面地說你又來了，「真的還是要買那張椅子！」

當然。

房東太太不缺錢，人和善而有教養。老街裡還有幾棟房產，當年醫生館的家具分散在如今出租的各房子裡。一張打針兼把脈的檜木老躺床也不妨順便帶我們去看看，可惜出租的屋裡沒人在家，沒能看到。

幾年來她一直沒答應賣給S那張候診椅，因為想讓等候理髮的客人有地方歇腳。不過既然只是等閑放著，那就賣你們吧。S開價，房東太太又笑開了。成交，我們開始清空堆滿椅子上的雜物，長條形的椅子終於露出全貌，構成椅面的木條緊密且質料扎實，下緣且極厚工地製成裙腳，整張椅子完整大氣，好漂亮的日據時代工藝！

我們搖搖晃晃地將椅子搬出理髮店，架上我的五門福特車頂。彷彿有節慶般，山城裡的居民逐漸圍攏過來。

「是買骨董的哩。」老人們七嘴八舌地品評起來。一個中年太太走過來小聲問我買不買她家裡的一台老針車，我有點抱歉地向她解釋針車太多了，恐怕不易有人收購。

於是，顫巍巍地載著這張長椅，我們逆反來時的路途，滿足地開回S家裡。

昔時車站與醫生館為等候的客人所設置的長形座椅，因此也稱為候車椅。候診椅通常由細長木條製成，可以數人同坐。

書桌與書櫥

民藝雖是舊時事物，仍無法倖免於流行。朱漆粿印、企業寶寶、日據玻璃冰碗、商標鐵牌、石磨石臼、番仔甕、普普風沙發等等一般人匪夷所思的物件都曾讓民藝人趨之若鶩，價格飆漲仍爭相搶奪，唯恐落於人後。

在簸仔店櫥的勢力崛起前，很長一段日子裡大家迷戀紅黑二色的礦物彩家具。在這種清代重器之前，日據時期的檜木玻璃櫃年代不足，老收藏人根本看不入眼。但清代家具往往被木料包裹得密不通風，礦物彩在木雕擺件上令人驚豔，塗布於體積碩大的家具則不免沉重。走入滿室清代家具的空間裡，總有置身博物館或骨董店的不真實感，無穿透性的家具在現代生活裡變成使生活機能陡降的厚木積體。

清代家具因此如明式家具，只宜一二點綴，室內且宜空淨，以免時代溷雜錯亂。

日據家具常飾以大量玻璃，通透晶瑩，檜木加上玻璃（特別是毛玻璃）就是有獨特的老台灣況味，布滿一室這樣的家具竟無沉重負擔。

這件玻璃書櫥由色澤溫潤的四根支柱墊高，櫃頂飾以日據家具特有的優雅凸簷，田字形的格狀玻璃門有簡潔與不浮誇的沉穩，秀氣的尺寸則讓人身心舒坦。這是多年前首次拜訪阿枝時一眼邂逅的漂亮家具。書櫥載來後愕然發現塞不進電梯，眾人七手八腳地一層層搬上七樓。書櫥就位後，大家都鬆了口氣。我突然聽到阿枝幽幽地說，「我怎真的賣掉這件書櫥了？」

同樣是書房裡的家具，夠分量的台灣老書桌不常見，適宜作為書桌的事務桌也往往比較像是孩童功課桌，很小家子氣，似乎大人們都不需讀書寫作，書桌不重要，還是生意場所收錢的帳務桌與錢櫃才實在（這兩種家具的尺寸常常大的很霸氣），就像現在人們一從學校畢業也就不再看書一樣。這種不讀書的風氣自然很清楚銘刻在台灣的民藝家具上。在西洋骨董家具裡，書桌或辦公桌無疑地是基本類別，即

使在中國老家具裡，書桌或畫桌亦不少見。唯獨台灣常見的桌子都是挑高不宜久坐的吃飯桌與八仙桌。這種桌子現在剛好成為各種懷舊餐廳的標準配備，不無尷尬地讓一般人誤以為這就代表老台灣的俗民生活。畢竟台灣人總愛臉不紅氣不喘地說「吃飯皇帝大」啊！

可作為書桌的款式相當兩極，清代的桌子總是窄身挑高，有五斗櫃的身形，坐在桌子前活像收錢的掌櫃，讀不了什麼書；不然就是小學生寒磣的功課桌，大人真要坐著這種桌子恐怕得彎腳縮脖辛苦過日。

這張書桌（左頁，上圖）由販仔收自旗山，桌面不是整塊板但嵌入細木線條，四周細膩地飾以線板及墨繪，桌腳間有陰刻的弧形插角，線條柔順秀氣。桌子使用厚實的檜木，因此穩固。我常坐在桌前遙想何種人家會訂製做工這麼考究的家具。而且真是書桌，不是生意場的帳務桌。桌子的主人應是日據時代的文人，才有這麼雅緻美感的要求。

合用的書桌其實不易覓得，清代的樟木桌櫃常見，但桌面高而窄仄，兩個大抽屜讓雙腳根本放不進桌底，大概只適合站著寫毛筆字；漆著高雅黑漆的上海老書桌總有濃濃的仿巴洛克元素，與日據時代的風格格格不入。

總算這個書桌大氣（左頁，下圖），抽屜多且手把又是令人歡喜的木雕作工，造形有經辦事務的嚴謹與沉穩，用料簡捷大方，大約是光復前後的老闆用桌，桌面因此乾淨仍披覆著原來的老油漆。當年相中這張大桌子後一定想立刻從台中載回來，車斗闔不起來只好一路敞開灌風，在八月火焚的溫度中汗如雨下地開三小時車與書桌一起回到家裡。

讀書人能有形制脫俗的桌子相伴，真是很幸福的事。

普普風沙發

　　民藝人雖然痴迷古物，但其實最喜新厭舊。骨董店販售的是新奇——一種因稀罕少見所產生的新鮮感，這是由時間所奇妙給予的商品剩餘價值。喜愛老東西但卻需不斷去尋覓「新的」老東西來過眼或過手，這就是民藝人個性的弔詭之處。於是每個人家裡都如台灣廟宇各種飛簷木雕燈飾層層疊疊的金光巴洛克奇觀，民藝人的一生就像一隻辛勤搬回各種遺落人間碎屑的螞蟻，把自己的蟻窩弄成一切古物藝品的大亂鬥。

　　因為追求稀罕所造成的新奇，民藝收藏很奇怪地也會有流行，收藏人看見別人家裡晶瑩剔透地擺著某件新入手的寶物，回家後也會開始心癢難耐地想得到一件，看見大家都在搶某一種東西，突然間自己也會覺得非有不可。於是跟幾年前全台灣島的人突然都很想吃蛋塔一樣，民藝流行過紅黑礦物彩

民藝收藏中泛指6、70年代的塑膠皮沙發、燈具、掛鐘等，
可以讓人聯想普普藝術年代氛圍但卻是「台式」風格的產品。

家具、客家刺繡、原住民陶甕、鐵牌、茄苳入石柳神桌、企業寶寶、糖果罐、玻璃冰碗……幾年前因為復古風+沙發酒吧（Lounge Bar）蔚為風潮，大家都想擺一組顯示時尚，普普風沙發於是大發利市，中、北部的業者一卡車一卡車地從南部搜購運走。有販仔告訴我他整修並重鋪塑膠皮面的沙發有兩、三百張仍供不應求。

普普風沙發因為介於六、七〇年代，與籤仔店收藏有很奇怪的呼應，一邊是居家客廳常見擺設，一邊則是街頭巷尾的店頭風景。當然，更專業的普普風收藏人會上溯到歐美系統的源頭，尋覓真正的大師作品，這便脫離民藝體系進入世界性的懷舊收藏系譜；專業的籤仔店達人亦能夠在自家客廳重現一整間六〇年代籤仔店的原貌，把玻璃糖罐、菸酒櫥、鐵牌、昔時零嘴小吃、老酒與老味素盒……鋪滿整個空間。要是當時真有這麼豐盛華美的店，應該是台灣籤仔店的旗艦店了。

在普普風的全盛時期我沒能喜歡這種小時候家裡亦有一組的塑膠皮沙發，常見的造形也看不對眼，如果又是重新整治的亮晶晶皮面那就更刺眼了。

大概因為工廠大量製造，材質亦大抵不佳，普普風沙發大都是民藝人最忌諱的合板家具。這種沙發的行情其實不高，皮面破損者五百元一只，一千五百元已經是品相完整的漂亮傢伙。只是這種行情的沙發都是大眾款，造形實在不敢恭維。幾年前在阿澤店裡的各種民藝家具裡總是夾雜著造形大同小異的老沙發，看他來來去去似乎真賣得很起勁。

「沙發酒吧」退燒後許久，我在不同場合裡終於很湊巧地找來了三組沙發。整個人坐進這種填塞稻草彈簧的「膨椅」後，屁股總會有受力不均的異物感，但畢竟比起硬綳綳的太師椅或長凳已經是會讓人流淚的天堂了。

普普風沙發是六〇年代北歐家具的台客化，在封閉的年代裡奇異地銜接了世界潮流，幾年前甚至二度回春，風光地一躍成為最潮酒吧與商店的必備裝飾。只是現在幻術再度散盡，普普風又跌回民藝店裡成為與籤仔店收藏時代平行的懷舊物件。潮起潮落，世事真難以逆料哪！

孔雀椅

跟著販仔進入南部民家，每每讓我有由衷的感動。原來，那些我從販仔或民藝業者手裡付錢買來的器物、家私都是曾伴隨某個老人的生活事物。我常開著車，在販仔話語間的微微手勢下左彎右拐於南部鄉間的老舊村鎮裡，朝向某座早已頹圮但仍固執留守一、二老人的百年大厝。從省道或縣道拐入某條僻靜的小路裡，或甚至就是小鎮熱鬧街區裡一條早被忽視的歪斜巷弄之後，進入一棟或許周遭早被醜陋透天厝包圍的老宅很不顯眼地蹲踞於此，年代超過百年。

不需電話預先告知，老人們往往在家，他們僅剩的餘生早已定格於老厝的靜止時間之中。

販仔專程帶我去看的房子往往碩大華美，閩式或日據的磚木構造大氣動人，裡面年華已逝的老人們總是散發一種大家族末裔的無由衰弱，蛛網塵封的空間清冷荒敗，有曲終人散的悲涼。

儘管老厝屋宇不凡，但販仔並不怎麼在意。因為他是為了屋內某一座已被人們遺忘的錢櫃、中藥櫥、掌櫃桌、神龕或簸仔店櫥而來。我則是被帶來見識台灣常民之美的，儘管台灣家具的美好時光早已一去不復返。當然，最後我們多少也會如願買出某件販仔或許已想望十幾年的華美家具。

因為認識幾位販仔，我有幸參與了或許是真實意義下的第一線淘寶。

一間間大厝對我都是陌生而奇異的，我手裡偷偷攢著小相機，卻不太能拍到什麼，或根本在老厝的迷魅下忘了拍照。老販仔總是鎮定地要我快回車裡拿手電筒，我跟在他後面如古代的書僮，看著他快速地在老厝的半樓裡四處翻看，或是鑽進屋主仍不願鬆口出賣的華美掌櫃桌裡挑撿老物。有三張孔雀椅（頁一六九）便是這樣從一棟立面有著巴洛克山牆的日據水泥大厝買到的。

我跟隨老販仔而來，為了見識老屋裡令他難忘的一張掌櫃桌。屋裡那座古老中藥鋪的掌櫃桌果然有不凡的鑲嵌工藝，周邊有極細膩的起線，

日據時代台灣風行的居家坐椅，
因圓弧的椅背有如孔雀開屏為名。

渾厚的桌板因多年的使用而透顯迷人的光澤與質地，整張老桌氣宇非凡，但閑置屋內陰暗角落恐有十餘年了，大厝裡的獨居老人不捨得賣。其他仍在使用的朱漆五斗櫃、刻滿藥名的中藥櫥與深鎖在後面另一進大厝正廳的八椅四几茄苳入石柳太師椅亦屬非賣品。

老販仔四處翻翻撿撿，為了要貼近窗子仔細瞧瞧上鎖的房內有否老家具，鼻頭上印了一小坨黑點；正當我在空曠的二樓不知能看什麼時，他整個人鑽進日式通鋪底下，「我要確定一下有沒有武士刀藏在床下」，撩滿整頭的陳年蛛絲的老販仔回頭對我喊道。

老販仔眼光準確犀利，是找老家具的高手，他對我稍有意思的尋常老吃飯桌不屑一顧。最後，在老屋開闊的中庭一角，他翻出三張被放倒棄置的孔雀椅，椅子搖晃得厲害，其中兩張且有蛀損。我們連同一個舂藥膏的溪埔石臼、一根沉手的烏心石木杵、一塊石杵頭一起買走。臨走前，我想再向老屋主買走他仍使用中的另一張孔雀椅，如此四張構成完整的一組椅子。老先生不賣，因為他還在使用。我亦不好勉強。載著付錢買下的幾件東西便離開探訪另一老宅了。

回去後我總是掛念著藥鋪裡剩下的那張孤單的椅子，覺得只買了三張很可惜，但卻不知怎麼再跑去向老先生遊說。等了兩週，我忍不住了，載著臨時找到的一把堪用孔雀椅，我又開車奔回這間中藥鋪。

午後的百年老厝外，老先生半闔著店門，正坐在騎樓裡舒服地曬太陽。我走近與他攀談起來，告訴他我載來一張椅子想與他交換，椅子很穩固，使用絕沒問題。

在我的想像裡，老人只是要一把隨意可坐的餐椅，甚至只要一把可以置雜物的小几，所以只要能找來一把外形相近的椅子，在可使用的功能不變下，老人應會同意交換的。

出乎我意料的，老先生拒絕。他且搬出老販仔，「他從來不會勉強我的。」我感到尷尬極了。只好站在一旁，找話題與老人繼續說話。

老人日據時代在大鵬灣統管所有日軍駐台的水上飛機，凡要動用飛機皆需他的簽條。光復後回到開中藥鋪的老家，祖父是當地名醫，父親亦承習醫業。老人的祖父見他機巧，便回絕了許多店家老闆的請託，留他在家裡習醫。老人聽了祖父的話，幾天內便熟背了醫書，令行醫一輩子的祖父大吃一驚。於是開始在藥鋪裡學習，五年後離家到大鵬灣附近村落獨立開業並逐漸積累一筆財富。二十五年後正當他打算大量置產時卻逢喪妻，心灰意冷的他賣掉打拚半生的中藥鋪，再度返回老家。

老人的祖父與父親相繼謝世，老人在家裡繼續行醫到七十歲，有天突然決定退休不再看病給藥，「因為我已不太能再做跟腦力有關的工作了，」老人說。老人還是小學生時有驚人的記憶力，整本課本可以任由同學以各種方法反覆考問，甚至讓日藉老師懷疑他的高分是考試作弊得來。

然而，我看到的老人，已經是他停止行醫的十餘年後了。

這棟老宅是老人十幾歲時祖父新蓋的大厝。

四張孔雀椅與樓上的吃飯圓桌配成一組，是新居落成時添購的家具。「椅子是我從小就有的。」老人淡淡地說，「看到這椅子就會讓我覺得懷念。」從老人八十多歲的眸子裡，我突然看到屬於孩童的純真。我知道我已不能再拿走老人剩下的那張椅子了。

老椅子擁有的，不只是客觀與中性的歲月，不只是沒有知覺的無人稱時間，而是一整個精采人生所可以依託、註記並融貫生命厚度的生活物件。臨走前我允諾如果途經小鎮會再回來看他。但不再是為了那張孔雀椅，而是為了這個對器物有情的老人。

・火缽・

這只火缽是在歇業的醫生館裡找到的。這幾年冬季裡最期待的一件事，便是能有寒氣逼人的冷鋒過境，於是可以名正言順地燃起這只火缽，鼓動赤紅的炭火，慢理斯條地燒開一壺水，讓滾燙的蒸氣呼嚕嚕地噴吐終日。

炭火烹煮不易，必須時時撥弄探顧，然而龍眼木炭有獨特的濃香，相思木炭香味雖不及卻火力興旺。在餐廳裡，非經炭烤的牛排就是無法擁有強火燒炙的美好滋味。講究的茶藝師亦需龍眼木炭相佐，如此才萃出茶葉最幽邈細微的香氣。

除了點燃後噴放的獨特味道，我亦喜歡龍眼木炭未經削切的原生樹形，一整布袋打開後常是塊體碩大精赤純黑的一截截樹幹原形，精煉華美的形體往往讓人不忍劈碎使用。

龍眼木炭並不生煙，點燃時因此可以優雅，無有煙氣燻騰的淚眼朦朧。炭火熾旺後，滿室盈溢

火缽是日文用語，指用來取暖或燒煮的木製或金屬火爐，火缽裡鋪一層厚實的灰燼隔熱，灰上燃燒木炭，加上鐵架則可以煮茶或溫酒。

獨特而令人懷念的古老香氣，這是植物精煉炭化後所噴放的芬芳，走動在屋子裡攪動著這股透明的氣流，總是令我感到無比喜悅。而超市的進口木炭氣味沖鼻令人嫌惡，除了中秋節舉國買來路旁烤肉兼製造汙染外，只會被聯想到悲慘的燒炭自殺。真可惜了木炭原來可以有的閑情與講究。

這件火缽造形簡單乾淨，沒有多餘構件與瑣碎無用的抽屜，檜木質感溫潤不似日本梧桐莖輪畢露，結構僅以木釘方榫接合，雖不豪華卻是多年來唯一投緣之物。配上支撐茶壺的五德，撥弄木炭的火箸、治理火灰的灰鏟，雖不太喝茶，茶道具卻俱全矣。

早幾年日本茶道具尚未被大量引進時，從日據時代遺留至今的華美火缽一直是民藝項目中的高價品，這幾年中國崛起，講究飲茶的人口陡增，台灣亦開始有人自日本大量搜購鐵茶壺與火缽進口，市面上一時為之氾濫，亦誕生不少專攻名家鐵壺的藏家。老販仔看我在家裡燒炭煮水忙得不亦樂乎，幽幽地說，以前這種火缽在他那裡一個都賣五百。實在不值錢哩。可惜這樣的時代已一去不復返。

以瓦斯爐急火直攻，煮水烹茶成了無情趣的機械動作，但只要在火缽活醒來的嚴寒冬日裡，我家會有一只終日吐吶白色蒸氣的陶壺，像是室內突然多了雀躍著年輕生命不肯絲毫安靜的小孩，於是雖然低溫，一切卻都變得有朝氣而歡喜，在溫暖潔淨的濕潤空氣之中。

代後記

• • •

因為相知，所以懂得

人無癖不可與交

收藏是癖，殆無疑義，收藏的人如獺祭魚，很難抗拒一種博物館學式的胃口，總遙想一日成為百科全書式的文藝復興人，如達文西。於是有人號稱三百六十行萬物皆收，有人以開一間自家店號的博物館、懷舊餐廳或民藝商店為夢想。然而除非家財萬貫，在外人眼中，這樣的雄心往往只是使自己家裡成為某種資源回收場所。

民藝不比骨董，幾萬元就可買到不少精品，十幾萬已是天價。因此常有人豪氣萬千地說，身上帶著二百萬元就可吃遍全省民藝店。對於這種說法，深諳高檔收藏家心理的興仔卻不以為然，因為有二百萬買民藝的人，不會這麼魯莽地衝街撞店，會這麼想的人，畢竟是沒錢的窮人。

收藏人的美學品味、財力與最終能否拿捏門道決定其藏品的等級。走入一個收藏人家裡往往攤開的是他最私密的機緣與經驗。因此，很多人是閉門拒客的。

可收藏之物多矣，收藏人最終不免顯露其癖。有人鍾情於鐵皮玩具，有人獨愛紅磚胎，有人喜歡家具，亦有對木雕或賽璐璐布袋戲偶不可自拔者。這些收藏人的家裡也都必然滿溢各種民藝古物，但進屋不多久後，就會發現某幾類特別物件正如流水般熠熠生輝地由主人取出，搏取識趣來客的讚美。

入不了門的藏家往往讓人為他難過，數十載收藏的整屋老器都只是等閑物，物品的主人不知為此揮霍多少歲月，最終只滿足了自己的莫名收集癖，成為窮忙族。

最近拜訪一位收藏家，看到讓瞳仁會驟然縮緊的滿室骨董家具，大抵是百年以上的台灣菜櫥、布櫥、案桌與鼓架，不乏遍灑礦物彩繪或整櫃鎏金雕花的清代大櫃。滿心讚嘆地回家後，發現自己喜歡的其實還是日據風格的櫃子。這些櫃子常裝有玻璃門，不會有清代家具的沉重壓迫，年代雖不滿百年，卻有通透的親切感；日據家具常由當時盛產價廉的檜木製成，經過半世紀以上的沉潛後卻散發獨特的木紋質感，這似乎是日據家具的DNA，從遠處就可以感受到的檜木靈光，有著遠不同於樟木、肖楠或大陸硬木的溫暖質地。

民藝買賣常常是「ki mo chi問題」，收藏人有很多家私是非賣品，或乾脆宣稱全部「沒有在交流」，有的店家看交情開價，偶有珍稀物件進門會私下急電要坐在VIP保留席的你立刻到場，好像買賣完全是搏感情的事業。

有時候，民藝骨董不是買來的，而是以幾件東西交換來的。交換的原因有許多種，可能是物主不賣，只好以讓他心動的另一件東西來交換；可能是買家預算不夠，對舊有的收藏亦覺得膩味，於是拿到店家商量換物，雙方都汰舊換新，活絡市場；也可能是買回家後感到後悔，或覺得買到假貨，只好再拿到店家商量換另一件。

交換不一定談得成，也不定一物換一物，也可能得再以現金補貼差額，總歸得雙方「歡喜甘願」。

於是會有許多傳奇。有人為了一尊俊俏的伏虎羅漢，苦苦哀求老骨董商割愛，最後打開一整櫃自己剛報關進口的大陸民藝雜項貨櫃任骨董商「拿到爽」，對方亦不客氣，整座貨櫃十多萬的貨都打包運走，流血交換才終於得到彩繪剝落卻造形雅緻的這尊老佛像。有店家擺著一座巨無霸的新竹體肖楠神桌，先前是某科技公司董座以自己的一輛賓士車從收藏人家裡換來，輾轉經手後進入骨董店旋即再賣出，新買家長期在大陸經商，付了百萬價碼後卻一直未來載走，因此賓士神桌得以示人，成為傳奇。

民藝市場的物品價格有寬廣的漂浮範圍，很多時候看得到卻不一定鈔票買得到或買得下手。於是如果能拿一物來換，雙方交換的是象徵價值（以你的賓士車換我這座全台灣最大神桌！）似乎都比較不心痛。當然，前提是我愛你手裡的，你也愛我手裡的，但你不賣或我不賣或兩人都不賣卻又對別人的東西愛得要命，那麼不如就來交換吧。

民藝人就是這麼歹嘴道。

人間的尺度

因為痴迷民藝，所以常常有機會走進各式收藏人的家裡參觀別人的寶貝。如此侵門踏戶深入某個人最私密柔軟的所在，一直都讓我感到臉紅，但因此也見識了收藏人的生活百態以及每個人的人生哲學。這些民藝人有的會刻印、有的參禪、有的茹花蒔草並且是極專業的盆栽高手；有在大學專研木材科學的助理教授，開Lexus的竹科經理，搶手的珠寶設計師、壯年退伍的軍人或等待退休的警察，省運游泳冠軍與雜貨店老闆等等。

我跟他們生命的交會點，是民藝。

會有一整個下午或晚上，我坐在他們之中某人的家裡，笑咪咪地觀賞主人的各種傲人收藏，恭敬聆聽他們從人生或骨董中所領悟的珍貴哲理。

收藏人真的很寂寞，他們的知己是識貨的人，懂得欣賞羡豔自己視若至寶且通常絕不輕易出示的藏品的人。

不管這些收藏品是什麼，都是主人好不容易得來之物。現在獺祭羅列在客人眼前，如果你有眼無珠入寶山卻不識寶物，豈不掃興。我因此總是驚歎，對於主人能飛天鑽地無所不能地擄獲各種戰利品感到由衷佩服。

只是喜不喜愛某物畢竟是很主觀的事。稀少、古老、做工精細、材質高貴且六腳全鬚毫無磕碰損傷，或者尺寸超級大與超級小、變體歪哥不成體統，又或是名家簽署落款兼官府戳印為記，這些似乎都不能那麼簡單地代換成喜歡與否。當然，上面這些準則是立即可見的民藝品價格試算表，收藏品的市價在此清楚易瞭，什麼東西有「收藏價值」什麼沒有可以是一件量化而不太有感情的決斷。

家裡堆棧的這些雜什或許沒一件真能禁得住試算表的考驗。但我就是不喜歡紅黑礦物彩家具的鬼氣森森、不喜歡太師椅笨拙的方頭方腦，不喜歡梳妝檯華麗虛偽的上海巴洛克，不喜歡紫檀雞翅木的光溜赤裸，不喜歡五斗櫃嵌鑲石柳的喧囂吵鬧，不喜歡供桌單調卻尺寸巨大的鴨覇款式，不喜歡菜櫥

土裡土氣的油煙鼎鑊味……吁，幸好我沒成為骨董商人，否則生意必一敗塗地不可收拾。

收藏老東西而能實用於日常生活之中，每天俯仰生息於心愛的老物之間，這是許多收藏人的夢想。但現代生活與日據時代畢竟已有不小差距，遑論民國以前的生活習慣。「實用」的民藝理想與現實很難契合，往往讓民藝人傷心不已。比如我便常常不知道該怎麼安適地坐在一張太師椅上（而能舒服地不需端莊嚴肅像個古代人），也常常不知道在一座高聳華美的清代布櫥前該如何不把這個大傢伙視為一塊實心笨重卻長出四支腳的的彩色大木塊？到底該平躺（像電影裡被精神分析的人那樣）還是側臥或背脊懸空地坐在主人最得意且一定要招呼你坐下的一張雞翅木貴妃椅上？又或是，占據屋內三分之一空間的那張朱漆鎏金雕花鏤空八柱紅眠床，我真的要脫鞋上座泡茶，有點滑稽地與主人在這種全罩式的老阿媽床上盤腿閒談？

愛得要命的老家具卻不實用，沒有客人時默默承接灰塵，人來時卻主客尷尬怎麼用都不對勁。真是傷透民藝人的心哪！

在現代人寸土寸金的生活空間裡，家具真是占位子的笨重收藏。家裡有其他成員則讓收藏人更苦不堪言。如果上有老母或阿嬤，則買一堆「死人用過」的老人家具回來擱在家裡常常是絕對犯忌且毫無通融可能的行為；如果下有猴囝仔少年仔，這種LKK牌木造家具則被視為大型垃圾人見人厭。

在不食煙火的嗜癖之餘，每個收藏人恐怕都得勻出一幅人間的尺度。

民藝人生

民藝人分成兩派，一派主張展覽，獨沽一味，專攻某一項民藝類別，到民藝店裡如植物學家在野地獵捕標本，只要符合蒐羅標的種名，品相年代尺寸美感不論，務求一網打盡。這派人如果財力不錯，風聲遠播後自然不缺販仔從全省各地進貢珍稀銘品。

會孤注一擲，通常也自有緣由。比如余仔，小時候幫父親跑腿買菸酒便有一元打賞，長大後自然家藏許多公賣局相關物件，件件都是非賣品。比如瓷磚，興仔還跑業務時是個瓷磚迷，開店後自己雖不再留藏，但仍是瓷磚買賣的大腕，據說全省瓷磚的價格便是因他漲價。亦有檳榔中盤，專以各式客庄或平埔族彩繪檳榔竹籃、搗檳榔小石臼等相關物件為主攻項目。其他如童玩、鐵牌、磚胎、刺繡、玻璃或瓷盤都是很專精的項目。有民藝人以展覽為志業，在各公家博物館四處趕場或乾脆自己包場設展，一方面滿足自己成就感，出了彩頁目錄後如果整批高價脫手更不亦快哉。

如果第一種人是民藝植物學家，還有一種人則是民藝美學家。他們通常會主張自己的收藏都實際使用於生活裡。民藝成為一種存在美學，生活裡從書櫃、衣櫥、桌椅、碗盤杯筷甚至服飾，一切起居作息似乎都得有一種「民藝美學」的要求。這樣的想像與條件常轉化為懷舊餐廳的基本樣貌，在這種空間裡連品茗與餐飲都必須堅持某種重建的「台灣原味」，並熱心與來客分享。

民藝人收藏到某一階段之後，這兩大派別便轉換成可以積極從事的兩種民藝人生：辦展覽與開餐廳（或咖啡館、茶藝館）。然而，喜獨沽一味（或數味）的人容易變成民藝狂人，收藏成為一頭怪獸大口吞沒生活本身；自認美感超絕的人東撿西湊，與資源回收往往是一線之隔。

近年民藝蕭條，第一線的販仔收不到貨逐漸凋零，年輕人亦難有管道入門，簡直快民藝滅絕。真希望能有更多的民藝展覽與民藝餐廳能大張旗鼓地開張哪！即使再怎麼俗豔，展覽或餐廳開幕時請電音三太子來熱鬧金光一下也無妨了。

民藝諸人終日尋尋覓覓，為了從社會的各角落蒐羅現代人遺忘失落的舊時事物，久而久之不免置身於古物堆裡，生活裡俯仰作息的一切都代之以老東西了。重度嗜古者於是堅持家裡最好都維持清朝舊物，櫥櫃桌椅眠床清一色礦物彩本色，連衣服都只穿唐裝，躲在現代都市叢林的高樓裡扮古代人，是骨董派Cosplay。喜歡籤仔店者家裡各處都累累堆著童玩、味素盒、糖果罐，公寓自動變身為籤仔店，一進門以為時光倒流回到七〇年代。

大抵而言，各式老家具都能在現代生活裡找到相符應的功能，櫥櫃桌椅仍是櫥櫃桌椅，眠床仍是眠床，除了令人頭疼的臉盆架，因為現代人有自來水，不需辛苦出門汲水在房裡備用，造形功能特殊的臉盆架因此失格，方便的水龍頭取而代之，不再適用於現代生活。

杯碗壺盤收藏者眾多，但鮮少拿來自用，如果不是飲食衛生的考慮，大概是擔心失手打破。只是終日與各式漂亮稀罕的碗盤為伍，對於瓷器的鑑偽斷代講究的頭頭是道，自己卻用著超市買來的廉價碗盤，甚至保麗龍餐具，不免本末倒置。

誠然瓷器脆弱易損，捨不得輕易用之。但這其實亦是培養自己沉心靜氣隨時細心疼惜手邊物品的修為。再怎麼粗魯的人打破一、兩件心愛的寶貝後，恐怕也難免從此屏息凝神、仔細呵護周遭萬物，戒絕台灣人令人討厭的「用時隨便，用後丟

棄，再買就有」的壞習性。

跟老東西相處必須緩慢，靜觀而後動。這是疼惜祖宗傳承的珍貴資源。

民藝軟空間

台灣民藝只是一個泛稱，在這個大名稱下有人蒐集瓷盤瓷杯，有人專攻文書契約，有人只嗜簸仔店周邊或甚至只專情公賣局鐵路局或總督府。即使「術業有專攻」，各種名目的達人專家分殊別類令人目不暇給，民藝人仍很難不觸及台灣老家具。

九二一大地震或許是台灣老家具市場的重要分水嶺，地震後許多陳年老物隨著老屋的損毀改建紛紛出籠，讓民藝市場興旺不少。但大地震不無意味著最後存貨出清，老厝古宅的數量快速減少後，第一線販仔便逐漸衰頹消失。能再由民宅買出老家具的機會變得極微小了。余仔有日便說：民藝的未來是家具、家具與家具。

當然，家具有市場前景主要是因為實用。十多年前大家根本不屑一顧的簸仔店玻璃櫥現在成為熱門的搶手貨，原因無他，也是實用而已。

這幾年我喜歡老家具，每多買一件家具回來，家裡便得天翻地覆地重新布陣一番，好像每件大家具底下都裝有滑輪可以任我每日推移挪動，其實常搬得脫力氣竭隔日全身痠疼不已。偶有朋友初次來訪，總以為這樣的格局是地老天荒自始如此，殊不知幾個小時前因為搬來一座玻璃櫥或一張書桌，我才剛從東挪西移的廢墟裡整治出勉強可接待人的空間。而家具都有抽屜，送往迎來的結果便是常常記不來小東西這次到底放在哪一只抽屜裡了。

老家具不是要什麼就有什麼，往往是先有了什麼之後再動腦筋來想生活裡要怎麼配合。而這一配合，有時候是兩或三個房間裡全員家具的總動員，彷如颱風過境，原來的空間徹底改觀，在A房的書桌現在搬到B房東邊一角，C房的錢櫃拉到客廳成為主要擺設，B房現在放書桌的地方原有一座玻璃櫥，現在只好挨擠著桌子，二者都是日式黑漆，那就正好暫時配成一組囉！

居家空間其實是柔軟可變動的，台灣人現在流行整屋裝潢，動輒上百萬的費用很大一部分花在以廉價夾板及角料貼皮製成的櫥櫃上，卻美稱是地中海或鄉村風。這些以釘槍與合板拼裝的櫥櫃不消十年便不堪使用，既千篇一律又是資源的一大浪費。而這樣大張旗鼓的裝潢，其實也同時釘死了居家空間，似乎只要請設計師設計一次，便可以終生不再費心於自己日夜生養其中的空間了。

空間是軟的，可以經常變動挪移。一件老家具的靈光便可以改變一整個空間的氣韻，更何況民藝家具都是跟我們一樣流有台灣這塊土地血液的歷史物件。即使只是一座尋常的檜木菜櫥，在價格、造形與材質上必然都遠優於賣場裡的合板書架或櫥櫃哪。

奇怪的是，常常暗自警惕家裡家具已滿到咽喉不能再載回來了，再新覓得老家具，偏偏就是能再擠出屬於它的位置。空間真是軟的，不亦怪哉！

民藝這條路

隨著時日增長，收藏到底是怎麼一回事卻愈來愈令我困惑了。外人看到的往往是收藏的成果：几上某件豔驚四座閃閃生輝的神物，清末民初的文玩家具擺列宛若電影場景的家居即景，抽屜拉開一丸丸包裹密實的田黃、雞血與牙雕，虔誠供奉深鎖於一盅盅玻璃罩裡的百萬奇楠沉香？或是一室胡亂堆疊早已徹底摧毀物主生活的十座菜櫥五座桌櫃與一律數量誇張咋舌的各式常民老物？

人畢竟還是生活著的，我常常困惑於這些收藏人怎麼俯仰於五花八門、耗盡他們精血生命搜得的東西之中。在沒人的時候，這些人置身自已拉雜買來的器物堆裡在做什麼？看電視？掛網？聽收音機？無聊地抓耳撓腮摳嗅自家腳趾？在令人羨豔的寶物堆裡也像一般人般吃喝拉撒無所不為嗎？又或者這些寶物、奇石與華麗家具其實與主人各自走在兩條平行線上，就像開著高檔賓士轎車的人卻把車子違規停在路邊喜歡吃著路邊攤三十元一碗的魯肉飯？還是相反，把塗布俗豔礦物彩的清代家具當成LV愛馬仕與古奇包收集其實真實生活卻一窮二白？

收藏人常是自傲而寂寞的。自傲於自已的奇遇與收藏，卻寂寞於無人知曉自已的驕傲。有得意處而無人可分享（或反之，怕有人強要來分享），真是寂寞。

該怎麼想像這些內心高傲孤絕的嗜癖之人？他們過著的是怎樣的居家生活？身邊跟著那些已捻掉人間鑊氣且噴吐霞光的超凡神物，生活如何能謙遜平靜哪。

收藏買賣常常必須四處掏寶、跟販仔交陪感情，甚至終日專在街道上往僻冷無人的旮旯裡胡撲亂鑽，偶爾亦會上當受氣著了人家的道兒。如此獲寶當然得意，但過程不免孤獨灰撲不足為外人道，何堪分享呢？

這幾年來，民藝在我生命中最鮮明與持久的影像之一，是從汽車擋風玻璃往前凝望的一條悠長不見盡頭的黝黑公路，行進時車道兩側的白色分道線飛漱地快速後退而無止盡地再由遠方浮出。紅燈煞車綠燈油門，一條路機械地連結著下一條，有時已忘了自已為何奔馳於道上，似乎不是為了到任何地點，而是要讓分道線不停頓地捲完一天該捲完的份，只為了生命自身的躁動。

像發條鳥一樣，「每天都飛到附近的樹林裡來，為我們所屬的安靜世界捲著發條。」

唉，民藝這條路。

因為相知，所以懂得

民藝不真是骨董，因為有人間的鑊氣，有風雪塵霜與磕碰拂拭的生命肌理，是曬過陽光經受風寒跟著使用的人一起成長衰老的。

因此雖然著迷老家具，我卻不曾被中國貴氣的酸枝雞翅紫檀家具吸引，面對太師椅貴妃床山西大櫃陝西鑄鐵大門也毫不動心，因為實在離真實的生命太遙遠了。我很難想像現代公寓的客廳裡擺設一套兩兩對望的太師椅（而非布沙發）能怎麼款待來客或全家舒適地觀賞電視。然而太師椅仍然人見人愛，價格皆不便宜，似乎不擁有一套就可能民藝失格。

即使把自家家裡裝潢成中國風，太師椅仍然讓我覺得刺眼，覺得像中國菜館入口的矯飾門面，像是既折磨自己又折騰來客僅適合大家興致一來試坐拍照不該久留的道具。雖然我亦坐過真的舒服又大氣的清代圈椅，但氾濫的仿古家具總是讓我對這種中國裝潢必備的道具敬而遠之。

太師椅與供奉祖先牌位的神桌是舊時坐鎮主廳的重要家具，人生裡的送往迎來生老病死或許都發生在這四張椅子所圈圍住的廳堂裡。這樣的家具有不可忽略的分量，只是時移勢轉，想在現代公寓的客廳裡與液晶電視吸塵器電腦或咖啡蛋糕紅酒共處一室委實不易。

這是生活裡現實與想像間的錯亂與艱難。

因為這樣的理由，即使難得遇上年代久遠品相完美的神物我亦常冥頑不靈，不願自己生活裡與這種不食人間煙火的神仙寶貝共居一室，因為委實太虛假了，不是生活。像某位女歌手唱的：我的命中命中愈美麗的東西我愈不可碰。

儘管在家具之外我買的民藝擺飾亦不在少數，因為生活有對美感的需求。只是對華美表面的索求如果搖身一變成了蹲踞家裡的一隻龐然巨獸，即使毛色再怎麼斑斕油亮備受疼愛，被壞毀的恐怕是主人的真實生活。

民藝是生活的一部分，不是有錢人保險櫃裡深鎖的骨董，不適合拿來炫耀傲人與奉若神明。只是收藏人難免有得色，有的傲其數量繁多，有的驕其品相精絕，且不免暗中相互較量，甚至鄙夷。真是一個讓人疲累的世界。

有人講究原漆色與原五金配件，只願買無瑕疵的家具，略有損傷蟲蛀則不屑一顧。這當然是收藏的要訣與境界，但我總不免為那些被嫌棄的家具感到難過，甚至敵愾同仇地不喜起主人吹捧在手心裡晶瑩剔透被寵愛的家具精品。

民藝人眷念舊情，對老東西懷著細膩的獨特感受，一切的損傷、斑駁、缺漏與壞毀都因歲月而起，即使這些時間的傷害真的礙眼，我都不忍嚴厲以對。因為損傷老東西的，不也是讓它充滿動人靈光的同一種力量？

因為懂得，所以慈悲。

偶然與巧合

「物的生命其實比人久遠」，興仔某日這麼說，我心裡一震，簡直是哲學家的警句了。老東西雖然靜美，卻不止息地流轉於人間，數十載的人生其實並不真能占有。收藏因此常常銘刻著偶遇、機緣與隱含的滄桑。每件民藝事物都飽滿浸漬著一代代惜情人的手澤。

老物有靈，是它來找人，而非人買物。我因此總是拙於答覆怎麼買來這些民藝事物的。某地、某時、某店其實都是也都不是答案。因為民藝販仔興

衰有時，遷移關門改行或心境轉變者有之，坐牢跑路亡故者亦不乏其人。往往一、二年間再回返某民藝店家，卻如浦島太郎從龍宮回返發現景物全非，只剩一下子蒼老數十歲的白髮販仔坐守空屋，而先前曾在此屋看到並買走令人眼睛發亮的某某老物這件事，現在彷如春夢一場。

有憨番在著名的民藝店家沉靜等候我認得它們，一待數月之久，彷彿這段期間在其他人眼前都是隱形的。有日據時代的三層玻璃大櫃甫由民家載回販仔住處，我剛巧路過，對於還拆解倒放在販仔貨車上的灰撲撲骯髒老櫃原本不以為意，禮貌地隨口問一聲，大概是我實在太不經心了，老販仔認為我不識貨，取來濕布一擦，露出老檜木家具豐潤的干漆色澤，我瞳孔一縮，連忙請他搬下車組合起來，一座骨架都嵌入幾何花紋的八尺玻璃大櫃於是立在眼前，是讓人作夢想到都不禁微笑起來的漂亮櫃子。後來我才知道，與仔等待販仔買出這座櫃子好幾年了，因為我偶然路過買走，他最終仍不免與這件老家具錯身而過。

未逢其時的挫折其實亦是多不勝數的。阿澤某日電告有書櫥一座，要我去看看。我隨即出門，一小時後抵達他店裡。有一對年輕夫婦已在座，阿澤則滿臉歉意。他們早我五分鐘進門，立刻買下這座骨架嵌花、櫃頂日式凸簷、上下座可分離，做工形制都極秀緻雅氣的醫生館玻璃書櫥。我懊惱極了，很不甘心地一直前後摸摸看看這座因為五分鐘時差而錯失的漂亮櫃子。阿澤雖屬意給我，或許櫃子自有意志，強求不得。

因為常有這些機緣得失，凝視著家裡的幾件佛像，偶爾我不禁懷疑是它們暗施法術讓我在某年某日自以為湊巧地走入某一店家買回它們。

這些年來我都在家裡一座檜木書櫥裡整齊擺放著最喜歡的中文小說，書櫥造形簡約，暗沉的日式黑漆使得整體內斂素雅。櫃子終因家裡空間窘促疊滯不得不出讓，幾天後卻在一家陌生的民藝店裡重逢，書櫥尺寸不大，被塞擠在一座大玻璃櫃之後，但熟悉的線條與色澤仍然讓我一進門就發現了。這座書櫥跟隨了我不少年，如今又重新回到民藝店裡等待新的主人。我靜靜地瞥眼瞧它，陌生的環境似乎讓它蒙上一層被遺棄的黯然，令人相當不捨，幾乎衝動想再買回這座櫃子。

不知情的老闆開了高價，我客氣的道了謝出門。經過書櫥時，我想起櫥子中間的抽屜底層藏了一個暗屜，大概沒有人會知道了。就讓這個祕密繼續沉默，如同阿枝所言：一生中藉著物件藏匿許多祕密，辛苦不語，默默注視……

收藏之路充滿這樣的個性與偶遇，收藏人的家裡不過是他生命機緣的總合。而老東西聚散分合，在一代代人的手上傳承、伴隨每個擁有者一起老去，這不是生命最華美的事麼？

揪團民藝

老東西有著老靈魂，雖然身不能動口不能言，在茫茫人海中卻似乎能牽動縷縷的因緣尋覓到自己的主人。因此如果不幸與鍾愛的老物錯身而過，或是在別人家裡才相見恨晚地彼此相認，雖然接下來一陣子不免心繫此物失魂落魄，但轉念一想，不管物主願意珍惜或根本已年久失寵，這亦是老東西自己的選擇，別人不能強求。讓民藝人歡喜與憂傷的，不就是每件老東西歷經悠長歲月所綻放的獨特個性？

出門在外，這種「已經是別人的尪(或某)」的古早悲情不免碰著，只能以徐自摩式的「得之我幸不得我命」聊以自慰，這是民藝人的成長歷程之一。

所有失之交臂的老東西可以寫一部民藝傷心小史，但偶爾命運的沙漏亦會倒轉過來，你發現某一類型的老東西竟在同一段時間裡連續出現，然後被你從相距幾百公里的不同所在一件一件地帶回來，漸漸地家裡這些東西彷如獺祭魚般可以排成一列組成會社，像是老東西們亦會感到寂寞想揪團相聚，於是當你家裡有了第一件之後，其他的老靈魂們便紛紛透過關係製造巧遇想擠進你家了。

這樣的魔術時刻往往不會太久，可能在某一小段時間裡，尋覓許多年卻總無緣得見的籤仔店櫥或候車椅突然在X店裡看到且價格品相年代皆合宜，買下來幾天後，在Y收藏家住處又看到造形相異的另一件，仍然各條件皆美好，於是再買下來。如是連環發生，像是早已計畫妥當的刻意安排。總是得等到這樣的魔術時刻結束許久後，在任何地方都再也看不到同類物件時，我才恍然大悟地知道，原來當時我正處在某種神賜的時光裡。而曾經在某一時刻裡彷佛真能遍地得見的某物從此消聲匿跡，像是從不曾存在，販仔開始以一種遙遠的口氣不勝懷念地說，啊哉，很久沒見過這種東西了唷！

然而老東西的來源五湖四海，拍賣網站、販仔、骨董店、收藏人家裡，甚至路邊撿來莫無不可。幾年前我在市區停車時，照後鏡裡看到一對母女合力抬著一座醫生館的手術工具櫥，我連忙下車詢問究竟，原來她們準備搬到路口棄置。我本來出門吃飯，結果載回兩座漂亮的乳白鄉村風玻璃檜木立櫃。

因為來處不一，這些年來上天下地東奔西走，有些小物在角落一擱經年，偶爾瞥見竟再想不起怎麼獲得，彷彿它竟是一生一世靜待於此。是這樣的熟悉又如此疏遠，偶然得之的小物卻融入空間裡成為日常生活的往來風景，無須回憶不必牽掛，因為這就是真實生命的組成部分。

宮崎駿的動畫《借物少女》述說了老屋內因為有小仙子借用人類物品所以常會遍尋不著某物，古物有時相反，需要「給物少女」偷偷跑來放一件小物便離開，因為她覺得合適於屋內主人。有一尊文官不曉得何時開始坐在我家，高踞客廳一角，睥睨全場。屋裡的一舉一動無不盡收他的眼裡，但我忘了他是怎麼得來的（從玉市？蚤市？或某一販仔家裡？）。這麼多年過去，原是陌生人也都親近起來了。

但是文官沒差，還是噘嘴捧著他的腰帶，很舒服地腆著肚子戴烏紗帽坐在我家客廳好長一陣子。

不管是老物揪團而來，或是屋裡真有了慷慨的「給物少女」，這是多麼令人歡喜的事！

祖父的六抽小櫃：與台灣老東西相處的真實感動

作　　者／楊凱麟
設　　計／鄭宇斌
攝　　影／張緯宇
插　　畫／王傑
責任編輯／林如峰
國際版權／吳玲緯
副總經理／陳瀅如
編輯總監／劉麗真
總 經 理／陳逸瑛
發 行 人／凃玉雲
出　　版／麥田出版
　　　　地址：台北市中山區104民生東路二段141號5樓
　　　　電話：(02) 2-2500-7696　傳真：(02) 2500-1967
　　　　網站：http://www.ryefield.com.tw
發　　行／英屬蓋曼群島商家庭傳媒股份有限公司城邦分公司
　　　　地址：台北市民生東路二段141號11樓
　　　　客服專線：02-25007718．02-25007719
　　　　24小時傳真專線：02-25001990．02-25001991
　　　　服務時間：週一至週五09:30-12:00．13:30-17:00
　　　　郵撥帳號：19863813　戶名：書虫股份有限公司
　　　　讀者服務信箱E-mail：service@readingclub.com.tw
香港發行所／城邦（香港）出版集團有限公司
　　　　地址：香港灣仔駱克道193號東超商業中心1樓
　　　　電話：(852) 25086231　傳真：(852) 25789337
　　　　E-mail：hkcite@biznetvigator.com
馬新發行所／城邦（馬新）出版集團【Cite(M)Sdn. Bhd.(458372U)】
　　　　地址：41, Jalan Radin Anum, Bandar Baru Sri Petaling,
　　　　57000 Kuala Lampur, Malaysia.
　　　　電話：(603) 90578822　傳真：(603) 90576622

印　　刷／中原造像股份有限公司
總 經 銷／聯合發行股份有限公司　電話：(02)2917-8022　傳真：(02)2915-6275
初　　版／2011年11月　
初版五刷／2016年 5 月
定　　價／新台幣360元
I S B N ／978-986-173-701-0
　　　　Printed in Taiwan

國家圖書館出版品預行編目（CIP）資料

祖父的六抽小櫃 / 楊凱麟著. -- 初版. -- 臺北市：
麥田出版：家庭傳媒城邦分公司發行, 2011.11
面； 公分
ISBN 978-986-173-701-0（平裝）

1.民俗文物 2.生活史 3.日據時期
733.4 100021985